잃어버린
우리 고대사를 찾아서

잃어버린
우리 고대사를
찾아서

1판 1쇄 인쇄 | 2014년 10월 22일
1판 1쇄 발행 | 2014년 10월 29일

지은이 | 박현

발행인 | 박형준
디자인 | 놀이터 blog.naver.com/book_noriter

펴낸곳 | 도서출판 거인
출판등록 | 제 10-2363호
주소 | 서울시 마포구 상수동 93-45 로하스타워 803호
전화 | 02-715-6857, 6859
팩스 | 02-715-6858

값은 뒤표지에 있습니다.
ISBN 978-89-6379-093-0 (73910)

교과서에는 나오지 않는 우리 고대사 이야기

잃어버린 우리 고대사를 찾아서

박현 지음

지은이의 말

우리 역사를 잘 알아야 진정한 한국인

너희는 우리 민족의 역사가 5천년이 아니라 9천년이나 된다는 사실을 알고 있니? 실제로 우리는 세계 어느 나라보다 더 오래된 역사를 자랑하는 민족이야. 그런데 사대주의자와 식민사관에 사로잡힌 친일파에 의해 역사가 왜곡되고 말았지.

조선시대는 유교 사회이다 보니 중국을 존중한 나머지 우리 고대 역사를 무시해 버렸어. 게다가 일제시대에는 우리 민족의 기강을 뿌리 뽑으려는 일본인에 의해 역사가 왜곡되었지. 일제는 무려 20만 권이나 되는 단군 관련 기록과 우리 민족의 역사서를 압수해서 불태워 버렸다고 해. 지금은 우리나라에는 없는 소중한 역사책들이 일본 왕실 도서관에만 소장되어 있어.

　이렇게 해서 오랫동안 최고 통치자 단군에 의해 이끌어진 고조선이란 나라는 일제에 의해 허구로 만들어진 신화로 깎아내려지고 말았어. 이로 인해 우리의 유구한 역사가 싹둑 잘라내어져 고작 5천년의 역사로 주저앉고 말았지.

　다행히 최근 들어서는 많은 학자들에 의해 다양한 고대 유적과 유물을 비롯해 중국, 한국의 역사 자료를 토대로 잃어버린 우리 민족의 역사를 되찾는 시도가 활발히 일어나고 있어. 이런 결과로, 단군은 신화가 아니라 실제로 존재했던 고조선의 최고 통치자였으며, 47명이나 배출됐다는 사실이 널리 알려졌어.

　여기서 더 나아가, 고조선 이전에 '신시배달국'이 있었다는 점

　과 또 그전에 '환국'이 있었다는 고고학적 연구 결과도 나오고 있어. 얼마 지나지 않아 우리 민족의 역사가 9천년이 넘는다는 사실이 국사 교과서에 실리는 날이 오게 되리라 믿어. 진정한 한국인이라면 우리 민족의 역사가 세계 어느 나라에도 뒤지지 않길 바랄 거야.

　끝으로, 이 책의 내용 중에 환국, 신시배달국 이야기는 '가설'(그럴 가능성이 있지만 아직 역사적 사실로 인정되지 못한 것)이라는 점을 기억해 주길 바라. 여기서 예로 든 역사학자의 주장, 그리고 유적과 유물은 아직 역사적 사실로 공인되지 않았기 때문이지. 이 점 참고하면서 흥미 있게 읽어 주길 바라.

　이 책을 통하여 교과서에서 가르쳐 주지 않는 우리 민족 고대사에 관해 더 많이 알 수 있었으면 좋겠어. 상상력을 마음껏 발휘하면서 재미있는 우리 민족 고대사 여행을 하길 바랄게.

차례

지은이의 말

우리 역사를 잘 알아야 진정한 한국인 · 004

식민사관에 짓눌린 우리 역사

한민족의 역사를 왜곡하는 식민사관과 동북공정 · 012

일제의 한민족 고대사 말살 책동 · 019

일제시대에 한민족의 고대사를 집필한 학자들 · 027

사라진 민족 고대 사서들 · 034

언젠가 역사가 될 오래된 이야기들

때로는 신화가 역사가 되기도 해 · 042

중국인도 몰랐던 홍산문명의 주인은 누구일까? · 047

천문학적으로 인정받는 『환단고기』 · 051

한글이 옛글을 본떠서 만들었다고? · 057

고조선 이전에도 고대 국가가 있었다! · 065

우리 민족 최초의 나라, 환국

안파견이 개창한 환국 · 070

과학적으로 밝혀진 우리 민족의 기원, 바이칼 · 075

수밀이국이 수메르라고? · 083

중국 신을 낳은 신시배달국

하늘이 열리는 개천절이 시작되다 · 092

중국의 신 태호 복희가 환웅의 아들이라고? · 096

8대 안부련 환웅 때의 신농 · 101

전쟁의 신, 치우천황 · 105

대륙의 지배자, 고조선

단군왕검이 조선을 열다 · 112

고조선에 관한 역사 왜곡 세 가지 · 119

원절식 명도전이 고조선의 화폐라고? · 124

비파형 동검과 다뉴세문경 · 130

참고 자료 · 134

식민사관에 짓눌린 우리 역사

한민족의 역사를 왜곡하는 식민사관과 동북공정

일본이 독도를 자기네 땅이라고 우기는 것을 들어 본 적이 있을 거야. 일본은 과거에 우리나라를 침략한 것도 부족해서 멀쩡한 우리 영토인 독도를 자기네 땅이라며 억지 주장을 펴고 있어. 정말 분통 터지는 일이 아닐 수 없지.

일본이 자기네 땅이라고 아무리 우겨도 역사는 독도가 우리나라의 영토임을 분명히 알려주고 있어.『세종실록지리지』에 "울릉도에서 맑은 날에 독도(무릉도)가 보인다"고 기록되어 있듯이 조선은 독도를 영토로 관리하고 있었어. 심지어 일본의 고지도에조차 독도가 우리나라의 영토로 표시되어 있지. 그런데도 일본은 계속해서 역사를 왜곡하고 독도를 자기네 땅이라고 말하고 있는 거야.

일본의 역사 왜곡은 독도에만 그치는 게 아니야. 일본은 만주 벌판에 자랑스럽게 서 있는 광개토대왕릉비의 역사도 위조했어. 광개토대왕릉비는 광개토대왕의 아들 장수왕이 아버지의 업적을 기리기 위해 414년에 세운, 높이 6.39미터에 무게가 37톤이나 되는 거대한 응회암 비석이야. 이 비석의 네 면에는 1,775자가 새겨져 있었는데 오랜 세월 비바람에 의해 마모되어 141자는 지워져 버렸지.

일본은 비석에 석회를 덧씌워 새로운 글자를 넣은 다음 일본이 백제와 신라를 4세기에 정복했다는 '임나일본부설'을 주장했어. 일본은 이런 식으로 우리나라를 침략하는 명분을 만들려고 했어. 하지만 훗날 현지 답사를 한 재일 사학자 이진희에 의해 일본이 광개토대왕릉비를 변조한 사실이 세상에 밝혀지게 되었지.

광개토대왕릉비의 네 면을 종이에 본뜬 탁본

일본이 역사를 왜곡한 것은 이뿐만이 아니야. '식민사관'이라는 말을 들어 본 적 있을 거야. 이것은 일제가 식민지 한국의 지배를 확고히 하기 위해 조작해낸 역사관이야.

한국 민족의 역사는 짧고 영토는 작다.
한국 민족은 사대성이 심하고 심성이 나약하다.
한국 민족은 당파 싸움이 치열하다.
한국 민족은 과거에 일본에 의해 지배당했다.
한국 민족은 열등한 민족이다.

이런 식으로 우리나라의 역사와 민족성을 왜곡한 거지. 일제는 조선인들이 독립운동을 하지 않고 일제에 순종하기를 바라면서 우리의 역사를 자기네 입맛에 맞게 변조해 버렸어.

일제는 조선 총독부에 '조선사편수회'를 조직해서 우리 역사 왜곡을 계획적으로 진행했어. 27년간 우리 역사에 관한 자료를 수집한 후 식민사관에 기초한 『조선사』, 『조선사료총간』, 『조선사료집진』 등을 내놓았지. 특히, 조선사편수회는 역사에 등장하는 우리

조선사편수회 회원들이 기생과 게이샤와 함께 봄나들이를 즐기고 있다.

민족의 고대 국가 '환국'을 없애 버렸어. 원래 『삼국유사』 「정덕본」에는 이런 기록이 있었어.

옛적에 환국이 있었다(昔有桓國).

그런데 조선사편수회의 일본인 이마니시 류가 국(國) 자를 인(因) 자로 고쳐서 이렇게 바꾸었지.

옛적에 환인이 있었다(昔有桓因).

식민사관에 짓눌린 우리 역사

이렇게 해서 환국(桓國)이라는 우리 고대 국가는 잊혀지게 되었어. 사실 우리 민족은 고조선 훨씬 전에 환국이라는 거대한 국가를 이루었어. 그런데 일제가 우리 민족의 긴 역사를 부정하기 위해 환국을 환인으로 바꾼 거지.

그 결과 우리가 잘 아는 단군신화의 환인이 탄생하게 된 거야. 이와 함께 오랫동안 단군이라는 최고 통치자에 의해 다스려진 고조선은 허구나 다름없는 신화로 둔갑했지.

하지만 이 사실을 믿지 못하겠다는 사람도 있어. 글자가 고쳐진 게 아니라는 주장이지. 『삼국유사』에 처음부터 환인(桓因)이라는 글자가 적혀 있었다는 거야. 그렇지만 확실한 증거가 있어.

환국이라는 글자가 어떻게 환인으로 바뀌었는지 알 수 있다.

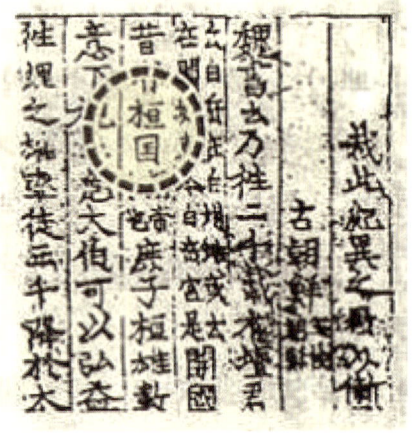
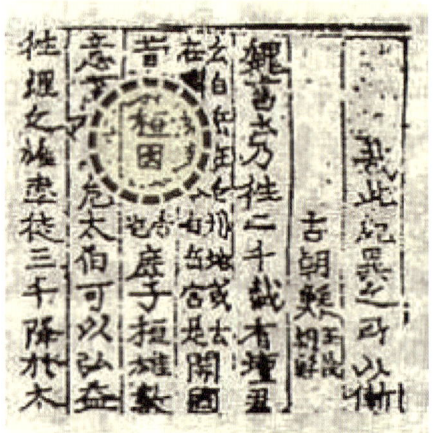

2013년 손보기 교수가 소장하던 현전 최고의 『삼국유사』가 세상에 공개되었는데, 여기에 선명하게 석유환국(昔有桓國)이라는 글자가 적혀 있어.

어때, 이제 확신할 수 있겠지? 우리 민족 고대의 환국이라는 국가를 말이야. 또한 단군은 신화적 인물이 아니라 고조선 최고 통치자의 직함(대통령)이라는 것도 잘 기억해야 돼.

문제는 식민사관이 아직까지 이어지고 있다는 데에 있어. 조선사편수회에서 거짓으로 꾸민 역사가 마치 진실인 것처럼 아직도 받아들여지고 있지. 이렇게 된 것은 식민사관에 물든 친일 역사학자들이 대학교에서 강의를 하고, 또 교과서를 만들었기 때문이야. 하루빨리 우리 고대사를 정확히 알려주고 한민족의 기상을 높이 떨칠 교과서가 탄생해야 해.

한민족의 유구한 역사를 왜곡하는 것은 일본만이 아니야. 요즘은 중국이 우리 민족 고대사를 왜곡하고 있어. 이를 '동북공정'이라고 하는데, 중국은 현재의 자기 영토에 있던 고조선, 고구려, 발해, 부여를 중국의 역사로 편입시키고 있어.

'고구려와 발해, 부여는 중국의 속국이다.'

한마디로 이런 주장을 펴고 있는 거지. 고구려의 경우 주민 다수가 중국에 흡수되고 일부가 고려에 넘어갔다는 억지 주장을 펴고 있어.

힘없는 나라의 역사는 강대국에 의해 쉽게 조작되고 왜곡될 수 있어. 우리 민족의 역사를 지키기 위해서는 경제적, 군사적으로 튼튼한 나라를 만드는 것은 물론 우리 역사에 자부심을 갖는 것도 잊지 말아야 해.

일제의 한민족 고대사 말살 책동

현재 우리나라에 고조선과 환국 등 고대사에 관한 기록이 담긴 역사책이 얼마나 있을까? 불행하게도 그 수는 매우 적어. 이 때문인지는 몰라도 신화가 아닌 역사로서의 고조선과 실재했던 고대 환국을 믿지 않는 사람이 많아.

그런데 일제가 침탈하기 전만 해도 우리나라 곳곳에는 단군조선과 고대사에 관한 사서가 많이 보관되어 있었어.

한일합방 후 일제는 우리나라의 역사를 왜곡하기 위한 음모를 펼쳤어. 그 첫 번째가 단군에 관한 책, 우리 민족의 고대 역사에 관한 책을 모조리 압수해 불태우는 것이었어. 우리 고대사를 연구하는 '동이문화원'에서는 이렇게 설명하고 있어.

"조선의 관습과 제도 조사라는 미명을 내세운 취조국은 1910년 11월 전국의 각 도·군 경찰서를 동원하여 그들이 지목한 불온서적의 일제 압수에 나섰다. 서울에서는 종로 일대의 서점을 샅샅이 뒤졌고 지방에서는 서사(서점), 향교, 서원, 구가, 양반가, 세도가를 뒤졌다. 다음 해 12월 말까지 1년 2개월 동안 계속된 제1차 전

일제에 의해 고서 20여 만 권이 불태워졌다는 사실을 밝힌 신문기사

日帝 "韓民族魂 말살" 새事実 밝혀져

史書 20여만권 압수 불태웠다

檀君관련 기록 중점약탈
총독부 官報등 立証해줘

史料수집가 李相時씨 주장, 史学者들 뒷받침

잃어버린 우리 고대사를 찾아서

국 서적 색출에서 얼마나 압수하였는지는 정확히 알 수 없다. 다만 조선총독부 관보를 근거로 판매 금지한 서적과 수거된 서적은 총 51종 20여 만 권이라고 광복 후 출간된『제헌국회사』와『군국일본조선강점 36년사』가 밝히고 있다."

이렇게 일제가 강탈해서 불태운 민족 사서가 무려 20여 만 권이나 된다고 해. 이때 단군에 관한 기록이 거의 사라지면서 단군은 일제에 의해 신화적 인물로 조작될 수 있었어. 그나마 다행인 것은 이때 사라질 뻔한 책의 일부가 일본에 보관되어 있다는 거야. 정확히 말하면, 일본 왕실 도서관에 단군에 관한 책들이 쌓여 있다고 해. 하지만 우리나라 사람은 이곳에 접근할 수 없어.

그런데 일제시대에 이곳에서 근무한 사람 가운데 우리나라 사람인 박창화가 있었어. 그는 일본 왕실 도서관에서 사료를 정리하는 일을 맡았는데 이 과정에서 단군에 관한 기록이 적힌 사서를 수없이 보았다고 해. 사서를 도서관 바깥으로 가져 나올 수 없었던 그는 신라시대 화랑의 이야기가 담긴『화랑세기』를 직접 손으로 베껴 보관한 후 해방이 되고 나서 세상에 공개했어.

이를 박창화 필사본『화랑세기』라고 하지. 현재, 원본은 없고 필사본밖에 남아 있지 않아. 그런데 이 책을 가짜라고 의심하는 사람도 있어. 물론 이 책을 진짜라고 생각하는 학자도 많아.

"『화랑세기』 필사본에 나타난 노(奴)와 비(婢)는 현재 알려진 천민과 전혀 다른 개념이에요. 결코 20세기에 창작해낼 수 없는 내용입니다."

한양대 국문학과 이도흠 교수는 이렇게 주장해.

"이 책에 수록된 향가를 살펴본 결과, 확실히 고려시대 이전에 창작

『화랑세기』 박창화 필사본

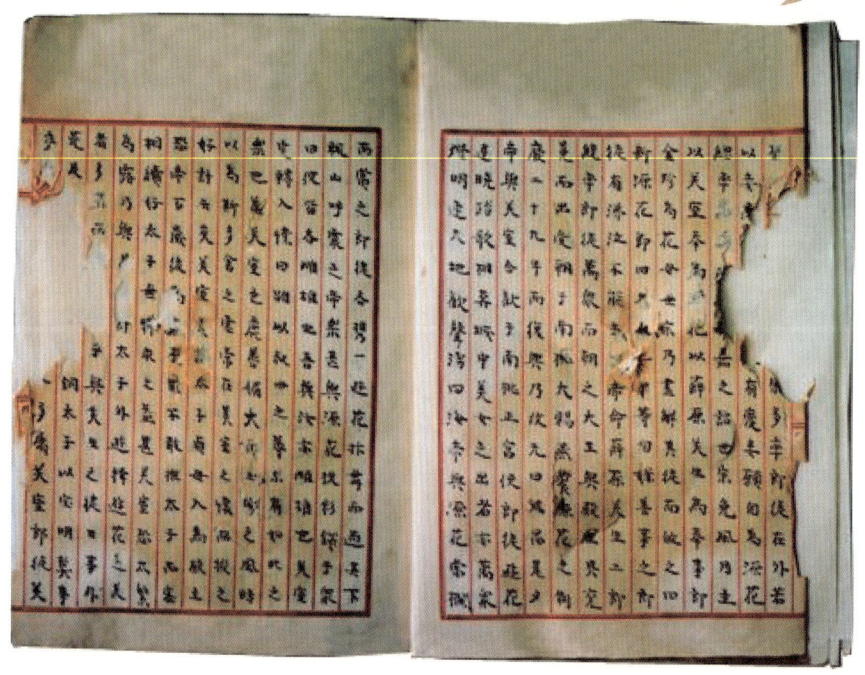

된 작품입니다."

일제는 우리 역사를 말살하기 위해 역사를 거짓으로 조작해 서술하는 작업도 함께 시작했어. 역사학자 이덕일은 이렇게 설명하고 있어.

"일제는 대한제국 강점 직후 중추원 산하에 '조선 반도사 편찬 위원회'를 만들고 3·1운동 이후에는 총독부 직속으로 '조선사편수회'를 만들어 식민사관을 조직적으로 만들고 전파했다. 식민사관은 한국사의 시간과 공간을 축소하는 두 가지 관점으로 만들어졌다."

김지하 시인은 조선사편수회에서 활동하던 친일학자 이병도가 일본이 압수한 고대 민족 사서를 직접 손으로 필사하면서 실제와 다르게 왜곡시켰다고 해.

"어마어마한 단군 사료를 베꼈다고 합니다. 베껴서 완전 날조했지요. 경성대학 사학과 사람 이병도예요. 지금도 강단, 교육, 사학계의 교안 조직자들이 그 이병도 제자들이에요. 식민사관의 조직자들이지요. 이들이 만든 교안에 젊은이들이 전부 세뇌되어 있습니다. 저도 잘 몰랐어요. 초·중·고 교과서 자료를 봤더니 단군은 아직도 신화예요. 무슨 놈의 신화가 47대까지 가는 게 있어요? 초등학교 교과서에 들어간 만화에는 곰이 나와요. 단군은 신화가 아니에요. 역사적 실화예요."

일본인 이마니시 류가 주도한 조선사편수회는 단군 고조선을 신화로 왜곡했지. 한국인이라면 당연히 해방이 되면서 역사의 친일 잔재를 없애고 우리의 당당한 역사를 올바로 세워야 하지 않겠어?

그런데 조선사편수회에서 활약한 이병도는 일제가 꾸민 식민사관을 그대로 이어받았어. 그래서 우리나라 국사 교과서에 단군 고조선이 역사가 아니라 호랑이 담배 피던 이야기 같은 신화로 기술되고 말았지. 이렇게 해서 우리나라 국사 교과서는 아직까지도 식민사관에서 탈피하지 못하고 있어. 해방된 지 무려 70여 년이 지났는데도 말이야.

이병도는 자신의 주장이 잘못됐음을 나중에 시인했어. 그는 자신의 과오를 인정하고, 일제의 식민사관에 의해 고조선의 역사가 왜곡됐음을 밝혔지. 그런데도 현재 국정 교과서는 여전히 단군이 신화라고 기술하고 있으니 기막힌 일 아니겠니?

> 이병도는 말년에 단군이 신화 속 인물이 아님을 밝힌다.

이병도는 자신의 잘못을 크게 후회했다고 전해지고 있어. 그는 일본인을 스승으로 모시고 연구하고, 또 자료가 부족하다 보니 그럴 수밖에 없었다고 했지. 그러면서 그는 우수한 후배 역사 연구자가 많이 나타나 단군신화를 단군 역사로 고쳐 줄 것을 기대했어.

이제 우리가 해야 할 일이 무엇일까? 일제가 약탈해 간 우리의

식민사관에 짓눌린 우리 역사 25

사서들을 되찾아 오는 것, 그리고 신화로 왜곡된 단군을 역사로 바로 기술하는 것이야. 이렇게 되면, 잃어버린 역사를 되찾아 더욱 자부심을 갖고, 오랜 역사를 간직한 우리나라를 전 세계에 알릴 수 있겠지.

일제시대에 한민족의 고대사를 집필한 학자들

"역사를 잊은 민족에게 미래는 없다."

이것은 독립투사이자 역사 연구가인 단재 신채호가 남긴 말이야. 그는 끝까지 일제에 맞서다가 감옥에서 돌아가셨지. 살아생전 그의 기개가 얼마나 드높았는지 알려주는 일화는 유명해.

그는 세수할 때 허리와 고개를 굽히는 법 없이 그냥 서서 손으로 물을 찍어 얼굴에 발랐다고 해. 그래서 세수를 하고 나면 바닥과 옷이 흥건히 젖어 버리곤 했지. 이를 이상하게 여기는 사람들에게 그는 이렇게 말했어.

"옷 젖는 것이 뭐 그리 대단한 일이겠소. 나는 다만 고개를 숙이기가 싫을 따름이오."

우리나라를 일본이 강탈한 상황에서는 절대 고개를 숙이지 않겠다는 말이었어. 누구보다 독립운동에 앞장섰던 그는 한편으로는 우리 민족 역사에 관한 글도 발표했어. 그 대표적인 것이 바로 『독사신론』, 『조선상고사』, 『조선상고문화사』 등이지. 신채호는 우리 민족 역사에 관해 연구하게 된 이유를 이렇게 말했지.

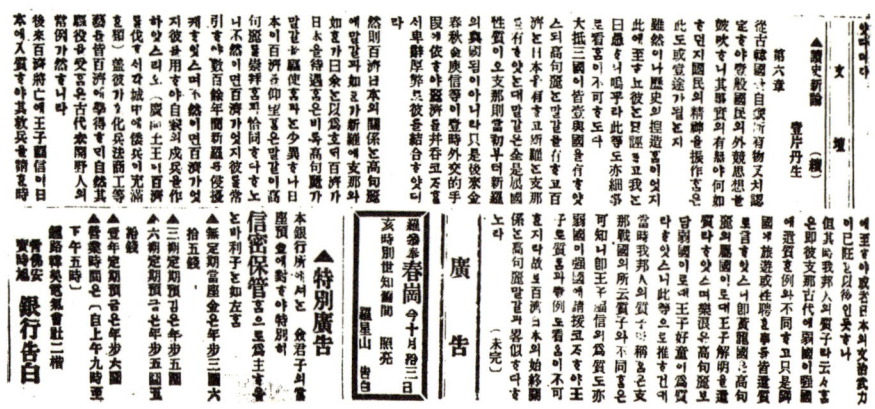

신문에 실린 『독사신론』

"내가 현재 각 학교에서 사용되는 역사 교과서를 보았더니 가치 있는 역사는 거의 없었다. 제1장을 보면 우리 민족은 지나족의 일부분인 듯하고, 제2장을 보면 선비족의 일부분인 듯하며, 전편을 다 읽고 나면, 때로는 말갈족의 일부인 듯하다가, 때로는 몽고족의 일부인 듯하고, 때로는 여진족의 일부인 듯하다가, 때로는 일본족의 일부인 듯하니, 아, 과연 이러하다면 우리나라의 수만 평방 리의 토지는 남만북적(중국의 오랑캐)의 아수라장이 되며, 우리나라 4천여 년 동안 이룩해 놓은 산업은 조양모처(일정한 주인 없이 이리저리 굴러다니는 물건)라 할 것이니, 과연 그럴까? 어찌 그럴 수 있는가."

일제시대 당시, 우리 민족은 일제의 노예로 전락할 위기에 처해

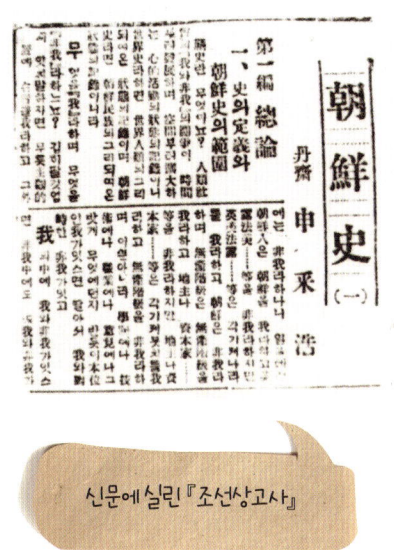

신문에 실린 『조선상고사』

있었어. 뿐만 아니라 우리 민족은 일제가 역사를 왜곡함에 따라 자부심도 잃게 되었어. 이런 상황에서 신채호는 독립 투쟁의 한 방법으로 우리 민족의 역사를 바로 세우기 위한 연구에 매진했어.

『독사신론』에서는 우리 민족을 단군의 후예로, 중심 종족을 부여족으로 보았지. 또한 우리 민족인 발해의 역사가 빠진 원인을 서술했어. 다음은 이 책에 나온 유명한 대목이야.

우리나라에 부처가 들어오면 한국의 부처가 되지 못하고 부처의 한국이 된다. 우리나라에 공자가 들어오면 한국을 위한 공자가 되지 못하고 공자를 위한 한국이 된다. 우리나라에 기독교가 들어오면 한국을 위한 예수가 아니고 예수를 위한 한국이 되니, 이것이 어쩐 일이냐! 이것도 정신이라면 정신인데, 이것은 바로 노예 정신이다. 자신의 나라를 사랑하려거든 역사를 바로 읽을 것이며, 다른 사람에게 나라를 사랑하게 하려거든 역사를 읽혀 바로 알게 할 것이다.

『조선상고사』에서는 단군 〉 기자 〉 위만 〉 삼국으로 계승된다는 기존의 왜곡된 역사관 대신에, 대단군조선과 3조선, 부여와 고구려 중심의 역사를 기술했어. 원래 이 책은 신채호가 1931년에 신문에 『조선사』로 연재하던 글의 일부인데, 글이 상고사에서 끝나는 바람에 『조선상고사』라고 불리게 되었지. 이 책에서는 "역사란 아(我)와 비아(非我)의 투쟁이다"라는 역사관이 펼쳐지고 있지.

텨—르썩, 텨—르썩, 텨—르썩, 척, 쏴아

따린다, 부슨다, 문허 바린다.

태산(泰山) 갓흔 놉흔 뫼, 집채 갓흔 바윗돌이나

요것이 무어야, 요게 무어야

나의 큰 힘 아나냐, 모르나냐, 호통까지 하면서

따린다, 부슨다, 문허 바린다.

텨—르썩 텨—르썩 척, 튜르릉 콱.

이것은 「해에게서 소년에게」라는 신체시야. 이 시를 쓴 최남선은 「불함문화론」, 「단군론」이라는 글을 발표했어. 3·1운동 때 「독립선언서」를 쓰기도 한 그는 「불함문화론」에서 일제가 단군을 역사에서 없애려고 하는 시도에 대항해 단군이 우리 민족의 자랑스러운 역사임을 주장했지.

불함이란 광명, 하늘, 하늘신(天神: 하느님)을 뜻하는 옛말이야. 최남선은 우리 민족의 기원을 백두산의 단군조선으로 보았고, 또 단군조선이 가졌던 천신사상을 '불함문화'라는 말로 표현한 거야. 그는 우리 민족의 '불함문화'가 중국, 일본, 그리고 유라시아까지 전파됐다고 주장하고 있어.

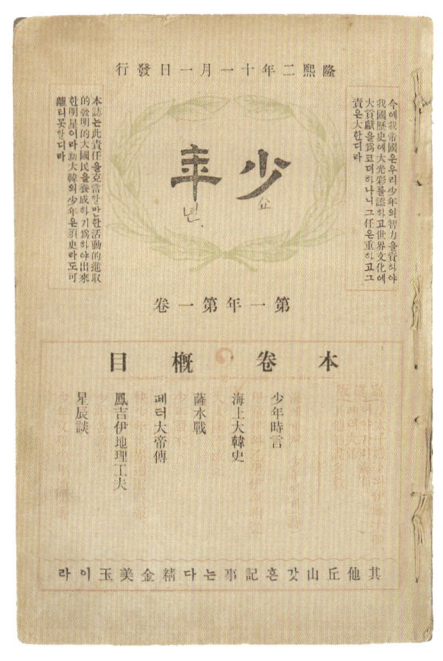

「해에게서 소년에게」가 발표된 잡지 『소년』

정인보는 1935년 신문에 「오천년간 조선의 얼」이라는 글을 발표했지. 이 글은 해방 후 『조선사연구』라는 책으로 출간되

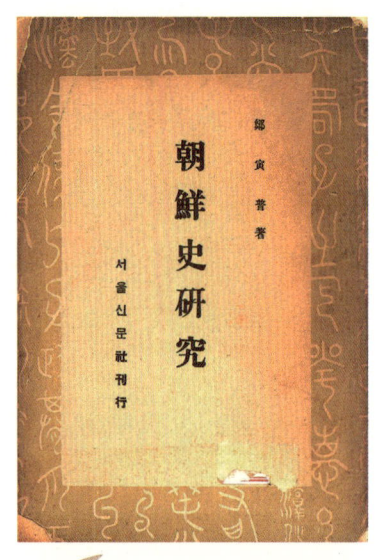

정인보가 쓴 『조선사연구』

었는데, 첫 장에서 "조선의 시조 단군은 신이 아니라 인간이었다"고 주장하면서 우리 민족의 '얼'을 지키고자 했어. 그가 광활한 중국 대륙을 호령하던 우리 민족에 얼마나 자부심을 가졌는지는 다음 글을 보면 알 수 있어.

다시 한 번 더듬어 보라. 고조선이 다스리던 강역이 저토록 광대한데다 대대로 이어진 정치제도 역시 군사를 훈련시키고 세제를 정비함에 있어 서로 다른 발전의 길을 걸었음에도 불구하고 풍속도 일치하고 언어도 같았다는 증거들이 이처럼 잘 갖추어져 있는 것이다. 지금 눈으로 그려 보고 귀를 기울이는 사람들에게는 당시의 광경들이 뇌리에 역력하게 되살아나리라. 〈제4장〉

숙신은 바로 조선이다. 숙신은 초기에 '조선'의 발음을 한자로 옮긴 것으로 고조선의 발상지 즉 고조선의 옛 도읍 일대를 가리키므로 응

심산과 압록수 즉 백두산과 송화강에 해당한다. 〈제7장〉

우리 민족의 역사를 말살하려는 일본의 시도에 맞서서 당당히 우리의 고대사를 연구했던 학자들이 일제시대에도 있었어. 이들의 노력으로 우리 고대사는 왜곡되어 잊혀지지 않고 생생히 후손들에게 전해질 수 있었지. 우리도 자랑스러운 우리 고대사를 후손들에게 잘 전해야겠지?

사라진 민족 고대 사서들

『조선왕조실록』에 관해서는 잘 알고 있을 거야. 이 책은 조선 태조에서부터 철종에 이르기까지 25대 472년간의 역사를 연월일 순서에 따라 기록한 거야.

국보 제151호로 지정되었는데, 1997년에 훈민정음과 함께 유네스코 세계문화유산으로 등록되었어.

이 책에는 조선시대에 관한 다양하고 풍부한 기록이 담겨 있기 때문에 많은 학자들의 연구 대상이 되고 있어. 요즘은 이 책을 인터넷으

『조선왕조실록』

로도 쉽게 볼 수 있어. 조선시대 사극 작가도 드라마 대본을 집필하는 데 많은 참고를 하지. 누구든지 궁금한 내용을 검색하면 다 나와.

그러면 조선시대에는 '단군'에 관해 어떻게 생각하고 있었는지 알아볼까? 방법은 간단하지. '단군'을 검색어로 치면 단군에 관한 기록이 무수하게 많이 나와. 여기서는 세종 때의 기록 두 개를 소개할게.

> 북쪽 벽에는 단웅 천왕, 동쪽 벽에는 단인 천왕, 서쪽 벽에는 단군 천왕을 문화현 사람들은 삼성당이라고 항상 부르며, 그 산 아래에 있는 동리를 또한 성당리라고 일컫습니다. 신당의 안팎에는 까마귀와 참새들이 깃들이지 아니하며, 고라니와 사슴도 들어오지 않습니다. 날씨가 가물 때를 당하여 비를 빌면 다소 응보를 얻는다고 합니다.
>
> 어떤 이는 말하기를, "단군은 아사달산에 들어가 신선이 되었으니, 아마도 단군의 도읍이 이 산 아래에 있었을 것이다"라고 합니다. 삼성당은 지금도 아직 있어서 그 자취를 볼 수가 있으나, 지금은 땅 모양을 살펴보건대, 문화현의 동쪽에 이름을 장장이라고 하는 땅이 있는데,

부로들이 전하는 말에 단군의 도읍터라고 합니다. 지금은 증험이 될 만한 것은 다만 동서 난산이 있을 뿐입니다.

하윤이 또한 일찍이 건의하여 조선의 단군을 제사하도록 청하였다. 예조에서 참상하기를 "기자의 제사는 마땅히 사전에 싣고, 춘추에 제사를 드리어 숭덕의 의를 밝혀야 합니다. 또 단군은 실로 우리 동방의 시조이니 마땅히 기자와 더불어 사당에 제사지내야 합니다" 하니 그대로 따랐다.

이외에도 『조선왕조실록』에는 단군과 고조선에 관한 기록이 137회나 나와. 무엇보다도 조선시대 왕실에서는 단군에게 제사를 지냈다는 점을 확인할 수 있어.

그런데 유감스럽게도 조선시대의 왕들은 사대주의에 사로잡혀서 자랑스러운 단군과 고조선에 관한 역사를 그다지 존중하지 않았어.

유학을 숭상하던 시대였기 때문에 중국의 인물과 역사를 더 존중했던 거지. 이로 인해 세조는 방방곡곡에 있던 고대사와 단군조

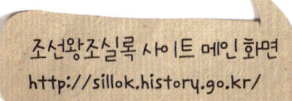
조선왕조실록 사이트 메인 화면
http://sillok.history.go.kr/

선에 관한 책을 모두 수거하도록 했어.

이 사실을 『조선왕조실록』을 통해 자세히 살펴보자.

팔도 관찰사에게 유시하기를,

"고조선비사·대변설·조대기·주남일사기·지공기·표훈삼성밀기·안함노 원동중 삼성기·도증기 지리성모하사량훈, 문태산·왕거인·설업 등 삼인기록, 수찬기소의 1백여 권과 동천록·마슬록·통천록·

호중록·지화록·도선 한도참기 등의 문서는 마땅히 사처에 간직해서는 안 되니, 만약 간직한 사람이 있으면 진상하도록 허가하고, 자원하는 서책을 가지고 회사할 것이니, 그것을 관청·민간 및 사사에 널리 효유하라" 하였다.

세조를 비롯해 예종과 성종도 수거령을 내렸어. 이렇게 해서 우리 고대사에 관한 책, 단군이 생생한 역사임을 보여주는 책들이 대부분 사라지고 만 거야.

현재 『환단고기』라는 우리 고대사에 관한 책이 전해지고 있는데, 이 책에 등장하는 고대서들도 이제는 그 흔적을 찾아볼 수가 없어.

이제, 우리 고대사인 단군과 고조선, 더 나아가 고대 국가 환국에 관한 사실이 어떻게 왜곡되었는지 알게 됐지? 사대주의에 빠진 조선 왕실에서 우리 민족의 고대 역사 관련 책을 모두 없애 버렸기 때문이야. 이 점은 『조선왕조실록』을 통해서도 확인할 수 있어.

그런데 오늘날에도 단군이 역사가 아닌 신화로 남아 있는 이유는 뭘까? 가장 큰 이유는 일제시대에 만들어진 식민사관 때문이야.

언젠가 역사가 될 오래된 이야기들

때로는 신화가 역사가 되기도 해

역사와 신화의 차이점을 알고 있니? 역사가 실제로 일어난 과거의 기록이라면, 신화는 순전히 상상력으로 만들어진 가공의 이야기라고 볼 수 있지. 신화의 대표적인 예로 신들의 이야기가 흥미진진하게 그려진 그리스 로마 신화가 있어.

우리나라의 경우에는 환웅과 웅녀의 단군신화, 알에서 나온 신라의 박혁거세 신화, 가야의 김수로왕 탄생 신화 등이 있지. 신화 이야기를 실제로 벌어진 일로 받아들이는 사람은 아무도 없겠지? 신화는 절대 역사가 될 수 없어. 신화와 역사는 별개로 보아야 해. 호랑이 담배 피던 옛날 옛적의 전설도 마찬가지로 역사가 될 수 없어.

그런데 예외가 있기도 해. 요즘은 과학이 발달해 고대 유물과 유적을 많이 발굴하게 된 것은 물론, 또 그것을 통해 고대의 역사를 치밀하게 추적할 수 있게 되었지.

잠수부가 바다 깊은 곳에 있는 해적 유적지를 찾아내고, 또 탐지기를 이용해 금은보화를 발굴하게 되었어. 여기다가 미라, 화석,

토기 등이 과거 어느 시점의 유물인지를 정확하게 추정할 수 있게 되었어.

이렇게 역사가 바뀌는 일이 벌어지게 되었지. 신화나 전설로만 여기던 이야기의 유적지와 유물이 발견되었기 때문이야.

실제로 신화가 역사로 바뀐 일이 있었어. 호메로스가 쓴 대서사시 『일리아드』와 『오디세이아』에서는 그리스와 트로이의 10년 전쟁과 트로이 목마에 관해 이렇게 전하고 있어.

트로이 유적지 입구의 모형 목마

언젠가 역사가 될 오래된 이야기들

전쟁과 불화의 여신 에리스가 남긴 황금 사과를 두고 헤라와 아프로디테, 아테나가 서로 다투었다. 이때 트로이 왕자 파리스가 심판을 내려 사과를 아프로디테에게 주도록 했다. 아프로디테는 감사의 표시로 파리스 왕자에게 세상에서 가장 아름다운 여인을 맞게 해주겠노라 약속했다. 그 여인은 스파르타의 왕비 헬레네였다. 결국, 트로이 왕자에게 아내를 빼앗긴 스파르타의 왕 메넬라오스는 아내를 되찾기 위해 트로이와 전쟁을 벌인다.

10년 동안 계속된 이 전쟁은 그리스의 오디세우스가 세운 계책으로 끝을 맺게 된다. 그리스 군이 거대한 목마를 남기고 철수하는 위장 전술을 펴자, 트로이 군은 목마를 성안으로 들여 놓고 나서 승리에 도취해 술잔치를 벌였다. 모두 잠든 새벽에 목마 안에서 그리스 군인이 나와 성문을 열자 한꺼번에 그리스 군사가 밀려들어 트로이 성은 함락되고 말았다.

사람들은 이 이야기를 역사가 아닌 신화로만 받아들였어. 오래 전 이야기인데다 전쟁에 등장하는 거대한 목마를 허황된 이야기로밖에 생각할 수 없었지.

그런데 고고학자 하인리히 슐리만은 다르게 생각했어.

'신화로 보기엔 트로이 목마에 관한 이야기가 너무나 오랫동안 생생하게 전해지고 있어. 어쩌면 신화가 아니라 실제로 일어난 역사일 수 있어.'

그는 자신의 믿음을 실현하기 위해 본격적으로 유적 발굴에 뛰어들었지. 이때 역사학자들은 그를 비아냥거렸고, 주변 사람들도 그를 신화와 전설, 역사를 혼동하는 정신이상자라고 따돌렸어. 하지만 훗날 슐리만의 생각이 옳았음이 증명되었어. 그가 파내려간 땅 속에서 트로이 전쟁의 흔적이 무수히 많이 발견되었지.

트로이 유적을 발견하는 데 결정적 역할을 한 하인리히 슐리만

트로이 목마 신화가 역사가 된 것을 보면, 우리나라의 단군신화도 언젠가

역사가 되지 않을까? 많은 사학자들은 여러 증거를 들어 단군은 실제 역사 기록이라고 주장하고 있지. 무엇보다 『환단고기』라는 책은 단군이 신화적 인물이 아니라는 점을 잘 보여주고 있어. 그런데 일제시대 때 조선사편수회에서 단군의 역사를 신화로 조작한 거야.

역사학자 이덕일은 이렇게 말해.

"'단군'이 사람 이름이 아니고 고조선의 통치자 칭호였다는 주장이 나오는 것은 이런 점에서 주목할 만하다. 이는 중국의 임금 칭호인 '왕'이라는 용어가 들어오기 전에 우리 조상들은 통치자를 '단군' 또는 '한'으로 불렀다는 주장이다. 이런 이치에 따르면, 단군은 천자나 황제처럼 통치자를 뜻하는 용어이고, 왕검은 1대 단군의 이름이 된다."

어때? 이제까지 신화로 알았던 단군이 실제 고조선을 다스린 최고 통치자라는 사실이 가슴을 두근거리게 하지? 머지않아 누군가 중국 대륙에서 단군이 실제 역사라는 것을 입증하는 놀라운 유적과 유물을 발굴하리라 믿어.

중국인도 몰랐던 홍산문명의 주인은 누구일까?

'세계 4대 문명 발상지'에 관해 들어본 적 있니? 인류 문명이 시작된 네 곳은 기원전 3000년의 인더스 강 유역의 문명, 기원전 3000년의 나일강 유역의 이집트 문명, 기원전 3500년의 티그리스·유프라테스 강 유역의 메소포타미아 문명, 기원전 3000년의 황하 유역의 문명을 말하지.

그런데 1920년대에 중국의 내몽고에서 고대 유적이 발굴되었어. 이 지역에서 약

홍산문명의 대표적인 유적지인 뉴허량 유적

언젠가 역사가 될 오래된 이야기들

5천년 전에 쓰인 제사용 토단이 발견된 거야. 제단의 주축이 정남북방을 가리키고 제사의 희생물로 추정되는 사람의 뼈가 함께 발굴된 것으로 볼 때, 태양을 숭배하는 신앙을 가진 도시 국가가 존재했으리라고 보게 되었지. 방사성탄소연대측정법으로 추정해 보니, 황하문명보다 1천여 년 더 빠른 고대 문명이라고 밝혀졌어.

그러자 일본 언론에서는 흥분을 감추지 못했지.

"세계 4대 문명에 관한 역사 교과서의 기술을 고쳐야 한다."

현재, 학자들은 이 고대 문명을 '홍산문명(홍산문화)'이라고 부르지. 만약 홍

홍산문명 유적지에서 발견된 옥기

산문명의 유물이 발견되지 못했다면 우리는 아직도 잘못된 역사를 배우고 있을 거야. 이처럼 역사는 새로운 유물이 발굴되는 것에 맞추어 다시 쓰여질 수 있다는 것을 알아야 해. 현재 이곳에서는 무수히 많은 홍산 옥기가 발굴되고 있어.

홍산문명은 중국, 일본, 한국 학자가 모두 인정하는 세계 최고의 문명이라고 할 수 있어. 그런데 이 문명이 중국에서 발견됐기 때문에 중국인의 문명이라고 보지만 까마득한 시절, 중국 대륙에 정착하던 우리 민족이 홍산문명을 일구었다고 보는 견해도 있어.

역사학자 윤내현은 이렇게 주장하고 있지.

"이곳에서 발견되는 돌무지 무덤(적석총)은 우리 민족 고유의 무덤 양식입니다. 돌무지 무덤은 베이징 이남에서는 발견되지 않아요. 홍산문명은 틀림없이 한민족 고대사의 한 부분이에요."

정말 홍산문명이 고대 우리 민족이 일군 것이라면 얼마나 좋을까? 그렇게 되기 위해선 이를 입증할 유물이 많이 있어야겠지. 다행히 자비를 털어 홍산문명의 유물을 오랫동안 수집해 온 분이 있어. 홍산문명의 유물을 무려 4천여 점이나 수집한 한국홍산문화학술원 박문원 원장이야. 그는 자신 있게 말해.

"적석총, 빗살무늬 토기 등이 홍산문명이 우리 민족의 시원이라는 확실한 근거입니다."

현재 중국에서는 이런 사실을 밝히기를 꺼리고 있다고 해. 더 나아가 '동북공정'에 따라 홍산문명을 자기 민족의 문명으로 만드는 작업을 서두르고 있다고 해.

역사는 새롭게 유물이 발견됨에 따라 다시 고쳐 써야 하는 거야. 그래서 이제는 황하문명보다 천년 더 오래된 홍산문명이 역사가 되었지. 이를 입증할 유물이 발견되었기 때문이야. 앞으로 홍산문명 유적지에서 더 많은 유물이 발견되고, 또 그에 관한 연구가 많이 축적되면 홍산문명의 주인이 우리 민족이라는 사실이 밝혀지지 않을까?

천문학적으로 인정받는 『환단고기』

『환단고기』라는 책에 관해 들어본 적 있니? 고대의 우리 민족에 관해 서술하고 있는 책이야. 이 책의 내용은 학교에서 가르쳐 주는 역사와 많이 달라. 이 책에서는 고대에 우리 민족이 광활한 중국 대륙을 지배했다고 말하거든.

이 책은 계연수라는 사람이 오래전부터 내려오던 『삼성기』, 『단군세기』, 『북부여기』, 『태백일사』 등 네 권을 일제시대에 한 권의 책으로 묶은 거야. '환단고기'는 '환국, 신시배달국, 단군시대에 관한 옛 기록'을 뜻해. 이 책은 독립운동을 하다가 목숨을 잃은 계연수가 제자 이유립에게 책을 세상에 공개하라고 하면서 알려지게 되었지.

이유립은 1979년에 이 책을 발표했지만 사람들의 주목을 받지는 못했어. 그러다가 일본인 가시마가 이 책을 1982년에 일본어로 번역하면서 비로소 세상 사람들에게 알려지게 되었어. 일본인들은 이 책에 대단한 관심을 보였어. 왜냐하면 이 책에 일본 천황의 계보가 적혀 있기 때문이었지.

훗날, 우리나라에서도 이 책이 널리 알려지게 되었는데 여기에 놀라운 글이 가득했어.

"환국이 인류사에서 가장 오래된 나라다."

"옛적에 환국이 있었다."

"단군은 사람 이름이 아니라 최고 통치자(대통령)의 직함이며, 총 47대의 단군이 있었다."

숙명여대에 보관 중인 『환단고기』영인본

『환단고기』에는 쉽게 믿기 힘든 내용이 들어 있기 때문에 많은 혼란이 생겼어. 역사학자들 사이에 의견이 나뉜 거지. 『환단고기』를 진짜 역사책, 즉 '진서'로 보는 쪽과 가짜 역사책, 즉 '위서'로 보는 쪽이 생긴 거야.

『환단고기』를 위서로 보는 쪽은 이렇게 주장하지.

"이 책에는 해당 시대에는 쓰이지 않던 관직명, 인명, 지명 등이 들어 있습니다. 예를 들어, 고구려의 교육 기관인 '경당'과 관직인 '욕살'이 단군조선시대에도 똑같이 등장하고 있어요. 고구려보다 천년 이상 오래전인 단군조선에는 다른 용어가 있었죠. 또 있어요. '문화', '원시국가', '자유', '인류', '개화' 같은 말도 들어 있는데, 이것은 분명히 현대에 생긴 말입니다. 그런데 어떻게 수천 년 전 단군조선시대에 이런 말이 있을 수 있습니까?"

이외에도 여러 근거를 들어 『환단고기』를 가짜 역사서라고 주장하고 있어. 그런데 이 주장에 관해 『환단고기』가 우리 고대사의 진정한 역사를 기록하고 있다고 주장하는 쪽은 이렇게 말해.

"『환단고기』는 옛날 그대로 보존된 게 아닙니다. 계연수가 책을 쓰는 과정에서 조금씩 변형될 수밖에 없어요. 그렇기 때문에 그

시대와 맞지 않는 용어가 있을 수 있습니다. 이런 이유로 이 책이 가치가 없다고 말할 수는 없어요. 역사상 수많은 고전들도 수세기에 걸쳐 전해지는 과정에서 여러 사람이 옮겨 적음으로써 조금씩 변형되어 왔습니다."

이 말은 『환단고기』에 등장하는 용어가 그 시대와 일치하지 않을 수도 있다는 거야. 용어는 극히 부분적인 문제라는 거지.

이렇듯 학자들 사이에서도 『환단고기』가 위서인지 진서인지 쉽게 결정 내리지 못하고 있어.

그런데 1993년에 서울대 천문학과 박창범 교수가 놀라운 연구 결과를 발표했어.

"천문학적으로 볼 때 『환단고기』는 역사서임에 틀림없다."

그는 이 책에 나온 기록을 토대로 천문학적으로 추적을 했어. 책에는 이런 글귀가 있지.

무진 오십년 오성취루(戊辰 五十年 五星聚婁): 13대 단군인 흘달 단제 50년, 기원전 1733년에 다섯 개의 별이 서로 한 군데에 모였다.

여기서 말하는 다섯 개의 별은 수성, 금성, 화성, 목성, 토성이야. 이 다섯 개의 별이 한 줄로 모이는 것이 '오성취루'인데, 천문학적으로 수백년에 한 번 생기는 현상이야. 그런데 만약 이 책의 말처럼 그 시대에 이런 현상이 있었다면 『환단고기』는 진짜 역사서가 되는 거지.

그래서 박창범 교수는 슈퍼 컴퓨터를 이용해 별이 다섯 개가 모이는 현상이 기원전 1733년에 생겼는지를 추적했지. 그 결과, 딱 1년의 오차로 기원전 1734년에 이 현상이 발생한 것을 확인할 수 있었어. 수천년 전의 일이기 때문에 1년의 차이는 무시해도 될 정

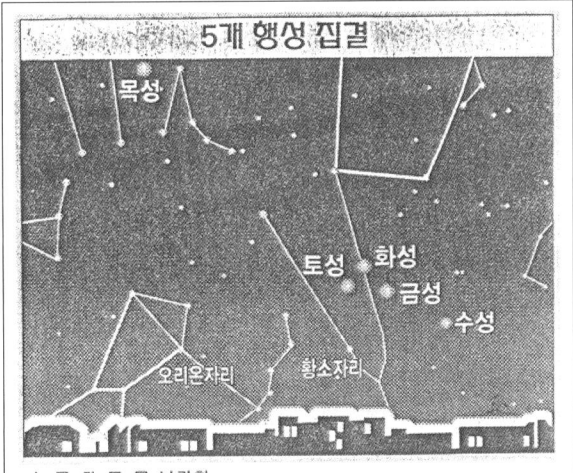

다섯 개 행성이 집결한 2002년 4월 5일자 『한겨레』 신문 기사

도의 수치라고 해. 그는 이렇게 말했지.

"이 현상에 관한 기록이 사실이 아니고 누가 거짓으로 적었을 경우 이렇게 천문학적으로 맞아 떨어질 가능성은 0.007퍼센트입니다. 쉽게 말하면, 눈을 감은 채로 세계지도에서 대한민국을 찾아내는 것만큼이나 어려운 일이에요."

박창범 교수는 『환단고기』에 나온 남해의 썰물 기록도 과학적으로 추적해 보았지. 이번에도 기록에 나온 시점에 정확히 남해의 썰물이 발생했다는 것을 확인했어.

이제는 『환단고기』가 위서냐, 진서냐 하는 논쟁을 끝내야 할 때야. 『환단고기』는 자랑스러운 우리 고대사가 적힌 역사서인 게 틀림없어. 천재 소년 송유근의 멘토이자 천문학자인 박석재 박사는 이렇게 말하고 있어.

"기원전 1734년에 오성취루 현상이 있었던 고조선은 더 이상 신화의 나라가 아닙니다. 고조선은 천문 현상을 기록할 천문대를 가진 당당한 국가였습니다."

한글이 옛글을 본떠서 만들었다고?

　한글 해설서인 『훈민정음』에는 세종대왕이 한글을 창제하게 된 이유를 잘 밝혀 놓았어. 세종대왕은 나랏말이 중국과 달라 한자로는 서로 말이 통하지 않아서 백성이 말하고 싶은 것이 있어도 그 뜻을 잘 나타내지 못하는 것을 딱하게 여겨 새로 한글 28자를 만드셨지. 때문에 훈민정음의 뜻이 '백성을 가르치는 바른 소리'인 거야.

　이렇게 만들어진 한글은 세계에서 가장 쓰기 편한 과학적인 글자로 높이 평가 받고 있어. 미국의 언어학자 로버트 램지는 말했어.

　"한글보다 뛰어난 문자는 세계에 없습니다. 한글은 세계의 알파벳입니다."

　미국의 언어학자 개리 레드야드 교수는 이렇게 말했어.

　"한글은 그 무엇과도 비교할 수 없는 문자의 사치이며, 세계에서 가장 진보된 문자입니다."

　『대지』를 쓴 소설가 펄 벅 역시 한글을 칭찬했어.

"세종은 천부적 재능의 깊이와 다양성에서 한국의 레오나르도 다빈치입니다."

심지어 한글날은 모든 언어학자가 기념해야 할 경사스런 날이라고 칭송하기도 했어. 실제로 『훈민정음』은 유네스코 세계기록유산으로 등재되어 그 가치를 인정받았어. 현재, 유네스코에서는 '세종대왕상'을 제정해 해마다 세계의 문맹률을 낮추는 데 기여한 사람과 단체에 상을 수여하고 있어. 어때, 한글은 정말 대단한 세계적 발명품이라고 할 수 있겠지?

『훈민정음』 언해본

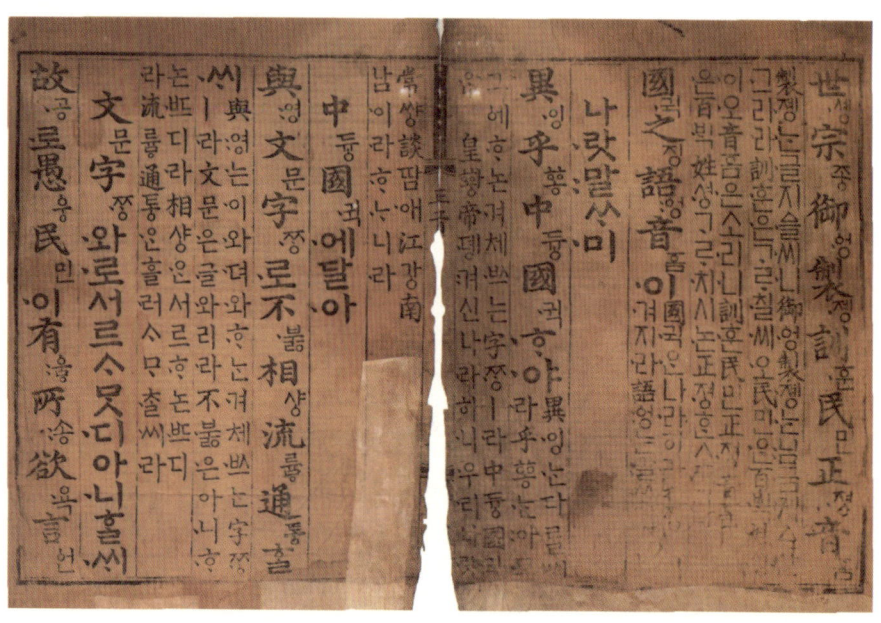

그런데, 한글이 과연 어떻게 만들어졌는지에 관해서는 의견이 갈려.

이전에 없었던 한글이라는 문자를 세종대왕이 독창적으로 만들었다고 보는 사람이 많아. 하지만 세종대왕과 집현전 학자들이 불과 몇 년 사이에 한글을 만들기에는 여러 모로 힘들다는 의견도 있어. 생각해 봐.

지금보다 과학과 학문이 훨씬 뒤떨어진 조선시대에 학자들이 문자를 만든다고 해서 단번에 한글처럼 매우 뛰어난 문자를 만들 수 있을까?

그래서 몇몇 학자는 옛 글자를 모방해서 한글을 만들었다고 주장하고 있어. 이에 관한 근거를 살펴볼까?

> 계해년 겨울에 우리 전하께서 정음 스물여덟 자를 창제하시고, 간략한 보기와 뜻을 들어 보이시고 이름을 훈민정음이라 하였다. 물건의 형상(꼴)을 본뜨되 글자는 옛날의 전자를 모방하고, 소리를 따라서 음은 칠조에 맞으니, 삼극의 뜻과 이기의 묘함이 다 포괄되지 않은 것이 없다.

이 글은 『훈민정음』 해례본의 「정인지 서」에 나오는 글이야. 여기서 유심히 봐야 할 곳은 바로 "옛날의 전자를 모방"했다는 글이지. 말 그대로 한글은 세계 그 어디에도 없던 글을 순수하게 독창적으로 만든 게 아니라 옛날부터 전해지는 글을 토대로 만들어졌다는 거지.

그렇다면, 과연 옛 글은 무엇일까? 『환단고기』의 「단군세기」에는 우리 옛 글에 관한 기록이 있어.

> 경자 2년 아직 풍속이 하나같지 않았다. 지방마다 말이 서로 다르고 형상으로 뜻을 나타내는 참글이 있다 해도 열 집 사는 마을에도 말이 통하지 않는 경우가 많고 백리 되는 땅의 나라에서도 글을 서로 이해키 어려웠다. 이에 삼랑 을보륵에게 명하여 정음 38자를 만들어 이를 가림토라 하니 그 글은 다음과 같았다.

이처럼 기원전 2181년에 3세 단군 가륵이 삼랑 을보륵을 시켜서 만든 것이 바로 가림토(가림다) 문자야.

이 시절 참글(녹도문)이 있었는데 이것으로도 백성들이 의사소

통이 잘 되지 않았어. 그래서 새로 가림토 문자를 만들게 되었지. 여기 잠깐 참글에 관한 『환단고기』의 기록을 살펴보자.

> 환웅이 신지현덕에게 문자를 만들 것을 명했다. 신지씨 가문은 대대로 황제의 명령을 수행하는 임무를 맡았다. 그런데 문자가 없어서 기록할 방법이 없어서 입으로만 전달했다.
>
> 하루는 신지가 여러 사람과 사냥을 갔는데, 갑자기 암컷 사슴 한 마리가 놀라 도망쳤다. 그가 활시위에 화살을 메기려고 돌아보는 사이에 사슴은 자취를 감춰 버렸다. 이에 사방을 두루 찾아다니다가 모래밭에 이르렀다. 그곳에 이르러 여기저기에 박혀 있는 사슴 발자국을 보았다. 그 발자국을 보던 그가 깨달음을 얻어 소리쳤다.
>
> "그래, 이 사슴 발자국으로 기록을

일본 이세신궁의 거울에 새겨진 가림토 문자

하는 문자를 만들면 되겠구나."

이렇게 참글 다음에 만들어진 글이 바로 가림토 문자인 셈이지. 이 가림토 문자가 한글을 창제할 때 모방한 옛글인 거야. 그런데 많은 학자들이 "옛말은 전서라는 한문의 옛 서체일 뿐"이라면서 가림토 문자의 존재를 인정하지 않고 있어.

그렇다면 『환단고기』 말고 다른 곳에서 가림토 문자가 발견되면 좀 더 많은 사람이 '가림토 문자'를 인정할 수 있겠지. 실제로 가림토 문자는 국내외 여러 곳에서 발견되고 있어. 그럼 차례대로 살펴볼까?

1994년에 『문화일보』에서는 가림토 문자 비석이 발견됐다고 높이 2미터, 너비 32센티미터의 탁본을 공개했어. 이것은 이상백 서울대 교수가 1930년대에 만주 경박호 부근에서 탁본한 것인데, 정도화 교수가 보관하다가 발표한 거야.

2003년 『부산일보』는 경북 와촌면 강학리 명마산 중턱에서 가림토 문자가 새겨진 바위를 발견했다고 공개했지. 이 바위에는 상형문자에 가까운 글꼴과 ㅅ, ㅈ, ㄴ, ㅠ 등 한글 자모가 뚜렷이 각

인되어 있다고 했어.

이에 관해서 여러 학자들이 가림토와 상당히 흡사하다고 하면서 심도 있게 연구해야 한다고 말했어.

이뿐만 아니라 일본에서도 가림토 문자가 새겨진 비석이 발견되었어. 일본인은 선명하게 새겨진 이 글자를 신대 문자라고 하면서, 자기네 신대 문자가 가림토 문자와 한글에 영향을 주었다고 억지 주장을 펴고 있지.

가림토 만주 탁본

사실은 우리 가림토 문자가 고대에 일본으로 전해져서 신대 문자가 만들어진 거야.

한글의 우수성은 두말할 나위가 없어. 하지만 한글에 영향을 준 가림토 문자가 실제로 존재했는지는 불확실해. 앞으로 더 많은 유물과 기록이 나와야 증명할 수 있어.

아직까지 가림토 문자는 모두가 인

정하는 사실이 아니라 '가설', 즉 '그럴 가능성도 있다'는 정도라는 거 잘 기억해 둬.

고조선 이전에도 고대 국가가 있었다!

옛날에 환국이 있었는데, 서자 환웅이 인간 세상을 구하고자 했다. 그 아버지가 아들의 뜻을 알고 삼위태백산을 내려다보니 인간들을 널리 이롭게 해줄 만했다. 이에 환인은 천부인 세 개를 환웅에게 주어 인간의 세계를 다스리게 했다. 환웅은 무리 3,000명을 거느리고 태백산 마루턱에 있는 신단수 밑에 내려왔다. 이곳을 신시라 하고, 이분을 환웅 천왕이라고 이른다. 그는 풍백·우사·운사를 거느리고 곡식·수명·질병·형벌·선악 등을 주관하고, 모든 인간의 360여 가지 일을 주관하여 세상을 다스리고 교화했다.

이것은 환인에 관해 최초로 기록한 『삼국유사』에 나오는 글이야. 일연은 지금은 전해지지 않는 옛 책을 인용하면서 이 같은 글을 적었지. 그런데, 앞의 글을 읽어 보면 누구나 분명하게 알 수 있는 게 있어.

첫 번째는 옛날에 환국이 있었다는 것이고, 두 번째는 환국의 서자 환웅이 인간 세상을 구하기 위해 지상에 내려와 나라를 세웠다는 것이지.

이것으로 알 수 있듯이 고대에 환국이라는 나라가 분명히 존재했어. 그런데 환국 다음으로 환웅이 세운 나라가 신화의 나라인 고조선일까? 식민사관에 따라 기술한 역사에는 환국도 없고 환웅이 세운 나라인 고조선이 곧바로 등장하지.

하지만 앞의 글에서 보면 알 수 있듯이 환웅이 세운 나라는 '신시'(신시배달국)야. 신시배달국 다음으로 생긴 단군(최고 통치자)의 나라가 바로 고조선인 셈이지. 이처럼 우리 고대사는 하늘에서 환인이 내려와 만든 고조선에서 시작하는 게 아니야. 우리 고대사는 환국 〉 신시배달국 〉 고조선으로 이어져. 그 역사가 무려 9천여 년이나 되지. 어때, 우리 민족의 역사가 정말 오래됐지? 그러면 차례대로 우리 고대 국가를 살펴볼까?

환국은 3,301년(또는 6,300여 년) 이어졌는데, 최고 통치자를 '환인'이라고 불렀지. 환국을 이끌었던 환인은 일곱 명이야. 천해(바이칼 호) 동쪽에 있던 영토는 면적이 남북 5만 리, 동서 2만 리였는데 12개 연방 국가로 이루어졌다고 해.

신시배달국은 만주와 한반도를 중심으로 자리를 잡았던 고대 국가야. 중국 사서에는 '구리'라고 부르지. 신시배달국의 최고 통치자는 환웅인데 그 수는 18명이야.

고조선은 기원전 2333년에 거불단 환웅을 이어 그 아들 단군왕검이 세운 나라야. 아사달(지금의 흑룡강성 하얼빈)에 도읍을 정하고 나라 이름을 '조선'이라고 칭했지. 그런데 후대 사람들이 조선 시대의 조선과 혼동하는 바람에 '옛날의 조선'이라는 뜻으로 고조선이라 부르게 되었어.

이렇게 우리 고대 역사는 환국, 신시배달국, 고조선으로 이어져. 그 역사가 장장 9천년이나 되기 때문에 참으로 자랑스러워.

그러면 다음 장에서는 차례대로 환국, 신시배달국, 고조선의 대표적인 업적과 유물에 관해 살펴보자. 그 시대에 어떤 놀라운 일이 있었는지 궁금하지 않니?

우리 민족 최초의 나라, 환국

안파견이 개창한 환국

우리 환국의 건국은 세상에서 가장 오랜 옛날이었는데, 한 신이 있어서 시베리아의 하늘에서 홀로 변화한 신이 되시니, 밝은 빛은 온 우주를 비추고 큰 교화는 만물을 낳았다. 오래 오래 잘 살면서 큰 쾌락을 즐겼으니, 지극한 기를 타고 노닐고 그 묘함은 저절로 기꺼웠다. 모습 없이 볼 수 있고 행함이 없이 모두 이루고 말 없어도 다 행했다.

어느 날인가 동녀동남 800이 흑수, 백산의 땅에 내려왔는데, 이에 환인 또한 감군으로서 천계에 계시면서 돌을 쳐 불을 일으켜서 날음식을 익혀 먹는 법을 처음으로 가르치셨다. 이를 환국이라 하고 그를 가리켜 천제 환인이라고 불렀다. 또한 안파견이라고도 했다. 환인은 일곱 대를 전했는데 그 연대를 알 수 없다.

이것은 『환단고기』 「삼성기」에 나오는 글이야. 읽어 보면 알겠지만, 환국의 첫 번째 통치자는 안파견이야. 안파견은 흔히 대통령을 나라의 아버지라고 부르듯이 '아버지'라는 뜻을 가졌으리라고 추측해.

안파견은 천산(파미르 고원)에서 도를 깨친 후, 천해(바이칼 호)에서 환국을 열면서 광활한 영토를 지배했지. 환국은 '소도'에서 제사를 주관하면서 하늘의 이치대로 사람을 다스렸어.

소도는 하느님께 제사를 지내는 성역으로 나라에 중요한 일이 있을 때에 이곳에서 행사를 치렀지.

이곳은 숲으로 가려져 있어서 쉽게 출입할 수 없었으며, 대문에 나무를 심어 방울과 북을 달았지. 소도로 죄인이 도망쳐 오면 잡아갈 수 없었어.

또한, 소도 안에 경당을 설치해 미혼 젊은이들에게 다섯 가지 계율과 함께 글짓기, 말 타기, 무술, 노래와 음악 등을 가르쳤어. 다섯 가지 계율은 다음과 같아.

첫째, 너희는 성실하고 믿음을 지켜 어긋나지 않게 하라.
둘째, 너희는 경건하고 부지런하여 게으름이 없도록 하라.
셋째, 너희는 부모님께 효도하고 순종하여 뜻을 어기지 않도록 하라.
넷째, 너희는 깨끗하고 정의로우며 음란하지 않게 하라.

다섯째, 너희는 겸손하고 온화하여 서로 다툼이 없게 하라.

소도에서 빼놓을 수 없는 게 두 가지 있어. 첫째는 무궁화야. 『환단고기』에서는 소도에 '천지화'를 심고 경당에서 공부한 젊은 이들을 '천지 화랑'이라고 칭했다고 해. 천지화는 '하늘을 향해 피는 꽃'을 뜻하는데 100일 동안 끊이지 않고 피기 때문에 '무궁화'라고 부르지.

예로부터 중국은 우리 민족을 군자의 나라로 칭했는데, 이런 기록을 남겼어.

"군자의 나라에는 무궁화가 많은데 아침에 피고 저녁에 지더라." - 『산해경』

"군자의 나라에는 지방이 천리인데 무궁화가 많이 피었다." - 『고금기』

이것을 보면, 환국시대에 이미 우리 민족은 나라의 꽃으로 무궁화를 사랑해온 것을 알 수 있겠지.

두 번째는 솟대야. 솟대는 소도 안에 세워 두고 제사 때 사용하던 것이지. 즉, 돌아가신 조상의 영혼을 까마귀가 모시고 온다고 믿고 세웠어.

너희도 알겠지만 지금도 시골에 가면 마을 어귀에 솟대가 세워진 곳이 많아. 그러니까 이 솟대가 환국시대에서부터 이어져 내려오는 거라고 볼 수 있지.

이처럼 환국은 소도를 중심으로 여러 사람이 하나로 뜻을 모아 지혜롭게 살아갔어. 사람들은 군대를 동원해 싸울 일도 없었고, 또 열심히 일하면 그에 맞는 대가를 얻을 수 있었지. 또한, 남녀의 차별이 없었고, 상하의 귀천에 따르지 않고 모든 사람을 평등하게 다스렸지.

『환단고기』에 따르면 환국은

솟대

12개의 연방 국가를 이루었는데, 그 국가들은 비리국, 양운국, 구막한국, 구다천국, 일군국, 우루국 또는 필나국, 객현한국, 구모액국, 매구여국 또는 직구다국, 사납아국, 선비국 또는 시위국 또는 통고사국, 수밀이국이었다고 해.

과학적으로 밝혀진 우리 민족의 기원, 바이칼

"우리 민족 최초의 나라인 환국이 바이칼 호에서 건설되었다." -『환단고기』

"시베리아 동쪽에 위치한 바이칼 호를 찾는 한국인이 최근 많이 늘었습니다. 이를 '민족의 정체성 찾기'라는 관점에서 바라보는 사람들이 있습니다. 한민족의 기원을 만주와 시베리아 지역에서 찾는 흐름은 1920년대 육당 최남선에서부터 1980년대 봉우 권태훈에 이르기까지 줄곧 이어져 왔습니다." -『중앙일보』

이 사실을 쉽게 받아들일 수 있겠니? 중국도 아니고, 멀고 먼 바이칼 호에서 우리 민족의 기원이 시작된다고 주장하려면 이에 관한 충분한 증거가 있어야겠지.

바이칼 호수는 시베리아 남서쪽에 있는데 면적이 315만 헥타르이고 깊이가 1,700미터나 되는 세계에서 가장 오래된 호수야. 무려 2,500만년이나 된다고 해. 바이칼 호수는 우리나라와 아주 먼

거리에 있어. 과연 이 호수가 우리 민족의 기원이 될 증거는 무엇일까? 우선 『환단고기』를 살펴보면 이런 글이 나오지.

"옛적에 바이칼 호 부근에 문화부족이 있었는데 한 줄기는 천산과 파미르 고원을 지나 지금의 이란, 이라크 지역으로 이주하였고, 또 한 줄기는 흑룡강을 끼고 만주지방에 이주해 한밝산과 백두산 주변에 정착하였는데

바이칼호수

그곳이 그들 부족의 중심이 되었다."

그렇다면 후손들도 바이칼 호수를 기억하고 있겠지? 실제로, 유교가 지배하던 조선시대에도 바이칼 호수를 중시 여기는 선비가 있었어. 조선 후기의 시인 정두경은 「등마천령」이라는 시에서 바이칼 호수를 노래했지.

말 달려 마천령을 넘어가니

층층의 봉우리 위 구름 속에 잠겨 있네.

눈앞 펼쳐진 숲 큰 호수 있으니

다들 북해(바이칼 호수)라 하네.

시인 정두경이 이 시를 썼을 때는 우리 민족이 광활한 만주 대륙을 중국에 빼앗겼었지. 게다가 중국은 호시탐탐 우리 영토를 침략하려고 기회를 엿보고 있었어. 바로 이때, 답답한 심정의 시인은 아득한 시절에 우리 민족의 환국이 있었던 바이칼 호수를 그리워했던 거야.

일제시대에 우리 고대사를 연구했던 육당 최남선도 바이칼 호수를 중요하게 여겼어. 그는 이렇게 말했지.

"바이칼 호수 일대가 우리 민족의 발상지이다."

이번에는 과학적인 증거를 살펴볼까? 미국 캘리포니아 버클리 대학의 알란 윌슨 교수는 인류의 기원에 관해 이런 주장을 했어.

"유전학적으로 보면 모든 인류의 어머니가 되는 어떤 여성이 약 20만년 전에 아프리카에서 나타났다. 이후 그 후손들이 세계 각 지역으로 이주해 모든 현생 인류의 어머니가 됐다. 모든 인류의 어머니가 되는 이 여성을 '미토콘드리아 이브'라고 부른다."

이 주장에 따르면 우리 민족도 아프리카에서 출발해 현재에 이른 거지. 그렇다면 우리 민족은 아프리카에서 먼 길을 떠나 바이칼 호수에서 우리 민족 최초의 국가인 환국을 연 것으로 볼 수도 있어.

이에 관해서 이홍규 의학박사는 DNA 추적을 통해 그 증거를 찾아냈

인류의 이동 경로

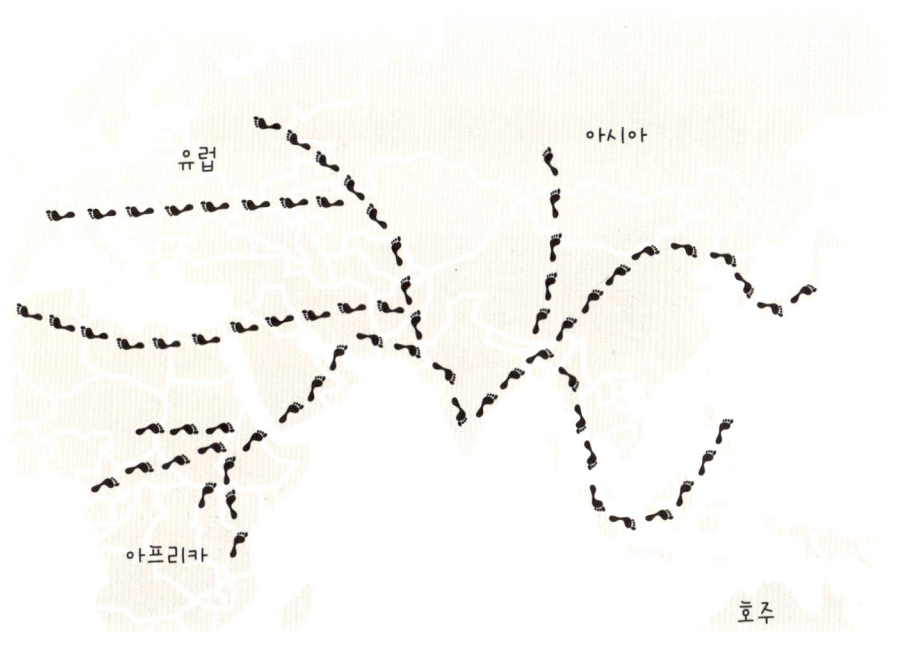

우리 민족 최초의 나라, 환국

어. 뉴스에서 DNA라는 말을 들어 본 적 있지? DNA에는 유전자 정보가 들어 있으니까 이것을 분석하면 우리 민족의 기원을 찾을 수 있는 거야.

이홍규 교수는 오랜 연구를 통해 마침내 이런 결과를 내놓았어.

"우리나라 사람들은 오래전에 아프리카를 떠나 해안을 따라 남부 지역에서 올라온 집단과, 중앙아시아를 거쳐 시베리아를 통해 들어온 집단으로 이루어져 있어요. 우리의 선조가 아프리카를 떠나 바이칼

부리야트족과 천을 두른 나무

호수 부근에서 원·몽골리안으로 새롭게 태어났고(북방계 70퍼센트), 빙하기가 끝날 무렵 남쪽으로 내려와 남방계 사람(30퍼센트)과 섞이면서 고대 국가를 세우게 되었습니다."

이에 따르면, 바이칼 호수를 중심으로 세워진 환국이 분명히 있다고 보는 셈이지. 또한, 『환단고기』에서 말하는 환국의 존재가 과학적으로 충분히 설득력이 있다는 말이야.

현재 바이칼에는 여러 소수 민족이 살고 있어. 그 가운데 인구가 40만인 부리야트족의 샤머니즘은 우리나라의 샤머니즘과 비슷하다고 해. 예를 들어, 부리야트족은 오색 천 조각을 두른 나무 말뚝을 많이 세워 놓았다고 하는데 이것은 우리나라의 솟대와 서낭당 같은 의미를 가진다는 거지. 이를 통해 학자들은 우리의 토착 신앙과 샤머니즘이 이곳 바이칼에서 시작했다는 것을 확인하기도 해.

여기에다가 부리야트족은 우리의 「선녀와 나무꾼」 같은 설화를 가지고 있어. 내용은 이렇지.

옛날에 한 노총각이 바이칼 호수에 내려온 선녀에 반해 옷을 숨겼다.

그는 어쩔 줄 모르고 당황해하는 선녀를 집으로 데려와 아들 열하나를 낳았다. 하지만 방심하는 틈에 선녀는 숨겨 놓은 옷을 입고 하늘로 올라가고 말았다.

어때, 우리의 설화와 똑같지? 이처럼 다양한 증거를 통해서 볼 때, 바이칼에 우리 민족 최초의 국가인 환국이 세워졌다는 것을 받아들일 수밖에 없겠지. 우리 민족은 바이칼에서 출발해 고대 국가 신시배달국, 고조선으로 이어져 지금에 이르게 된 거야.

수밀이국이 수메르라고?

앞에서 환국은 12개의 연방국가로 이루어졌다고 말한 거 잘 기억하지? 12개의 국가 가운데 하나가 바로 '수밀이국'이야. 수밀이국은 지금의 이라크 쪽에 위치해 있어. 환국의 국가 하나가 서남쪽으로 이동해서 수밀이국을 이룩한 거야. 이 수밀이국은 단군 고조선시대에까지 지속돼.『환단고기』에는 15대 단군 대음이 통치하던 시절에 "수밀이국의 사신이 와서 특산물을 바쳤다"는 기록이 있지.

수메르 문명의 유물

이 수밀이국은 '수메르' 문명을 말하는 거야. 세계 4대 문명 가운데 하나인 메소포타미아 문명을 창조한 게 바로 수메르 문명이야. 과학이 발전하고 많은 유적과 유물이 발견되면서, 메소포타미아 문명 전에 생긴 수메르 문명을 찾게 된 거지.

어떻게 해서 수밀이국이 수메르 문명이 되는지 궁금하지? 수밀이국의 '수밀이'와 '수메르'가 비슷하게 발음되는 것으로 볼 때, 『환단고기』에 수메르를 수밀이국이라고 적은 것으로 추측하지. 『환단고기』는 한자로 쓰였기 때문에 '수메르'와 비슷한 발음의 한자로 '수밀이(須密爾)'에다가 '나라 국(國)'을 붙여서 적은 거야.

그러면 이제 수밀이국이 어째서 수메르 문명인지 차근차근 설명해 볼게. 먼저, 세계적인 수메르 권위자 크레이머 교수의 생각을 살펴보자. 그는 오랜 연구 결과 이런 결론을 내놓았지.

"수메르 문명은 머리가 검은(Black Headed People) 동아시아인들이 문명을 가지고 와서 세운 게 틀림없다."

그는 유물을 살펴본 결과 수메르 문명을 건설한 사람이 머리가 검은 동양인이라고 보았던 거야. 지금의 수메르는 이라크 쪽에 위치해서 서양 쪽에 가깝지만, 그가 연구한 결과는 분명히 동양에서 온 사람들이 수메르를 건설했다는 거지.

그가 말하는 동양에서 온 사람은 바로 서남쪽으로 이주해서 세운 환국의 하나인 수밀이국 사람이야. 어때, 조금 이해가 되지? 고대 로마는 "빛은 동방에서 왔다"고 했는데, 이 동방 역시 수메르인 거야.

이번에는 과학적으로 살펴볼까? 『사이언스』라는 유명한 과학 학술지가 있는데, 여기에 실린 논문은 1만 2천년에서 8천년 사이에 동북아에서 어떤 집단이 세계로 퍼져 나갔다고 주장하고 있어. 이 논문은 수메르에 관해 이렇게 말하지.

"특히 헬리코 파이로린 박테리아의 유전자를 통한 인류의 이동을 추적해 보면, 아메리카 인디언을 비롯해 수메르 지역의 이라크인들에게는 동아시아에서 고립되어 조상화된 헬리코 파이로린의 원시 유전자가 분포되어 있다. 동아시아형(EA형)의 고립된 시조는 오로지 한국인에게서만 100퍼센트 독립적으로 발견되고 있다."

쉽게 말해, 수메르의 후손인 이라크인은 한국인에게서만 발견되는 유전자를 가지고 있다는 말이야. 유전학적으로 분석하는 것이니만큼 꽤 설득력 있지?

이번에는 언어학적으로 살펴볼까? 수메르인들은 서양 최초의 문자인 설형문자(쐐기문자)를 사용했어. 설형문자는 나중에 알파벳의 토대가 되었는데, 학자들이 갖은 애를 써서 마침내 이 문자의 뜻을 찾아내었어. 그리고 점토판에 다음과 같은 흥미로운 글이 적혀 있는 걸 알게 되었지.

"쉬는 날은 사흘이다. 예배보는 날도 사흘이다. 달마다 24일은 학교에 다녀야 한다. 지겨운 학교."

"왜 집에서 빈둥대느냐? 학교에 가서~ 선생님 앞에서 과제물을 암송하고~ 거리에서 방황하지 마라. 내가 한 말을 알아들었느냐?"

"제발 철 좀 들어라. 공공장소에서 서성거리거나 길에서 배회하지 마라. 선생님 앞에서 겸손하게 굴고, 어려워해라. 네가 두려워하면 선생님도 널 좋아할 것이다."

이외에도 설형문자를 통해 수메르인들이 높은 수준의 정신세계와 사회, 경제, 법률 생활을 했다는 것이 밝혀졌지. 관개 시설을 만들어 세계 최초로 농사를 지은 것은 물론 우르남무 법전을 만들어 사용했지. 또한 1년을 12월로 나누는 태음력을 사용했으며, 하루를 12시간으로 나누고 1시간을 60분으로, 1분을 60초로 나누는 60진법의 시간 계산법을 사용했지.

여기다가 수메르인들은 세계 최초의 서사시 『길가메시』를 남겼어. 이것은 앞에서 말한 『일리아드』, 『오디세이아』의 신화이자 대서사시보다 1,500년이나 더 오래되었어. 이와 더불어 꼭 기억해야 할 것은 수메르인이 남긴 신화가 성경에 많은 영향을 주었다는 거야. 에덴동산 이야기, 홍수 이야기, 바벨탑 이야기 등 숱하게 많다

수메르 설형문자가 새겨진 점토판

고 해.

여기서 우리가 관심을 가져야 할 것은 바로 수메르인의 문자와 한국어가 비슷하다는 점이야. 두 가지 점에서 비슷해.

첫 번째는 수메르어도 한국어처럼 교착어야. 예를 들어, '나는 학생이다'에서 주어 '나'는 조사 '는'이 붙어서 주어가 되지. 영어는 이렇지 않아. 'I am a student'처럼 주어 'I'에 우리말처럼 '는' 같은 것이 붙지 않지. 그냥 'I' 옆에 한 칸 띄우고 'am'을 썼지.

이처럼 한국어는 명사에 조사가 붙어서 주어가 되기도 하고, 목적어가 되기도 해. 이런 걸 교착어라고 하지.

두 번째는 수메르어와 한국어 사이에 유사한 단어가 많아. 아누=하느님, 안=하늘, 기르=길, 아비=아버지, 움마=엄마, 바드=밭, 달=달, 아우=아우, 우르=우리 같

이라크 동부의 카파제에서 발굴된 씨름하는 모양의 향로

이 말이야.

그렇다면 풍습은 어떨까? 수메르인과 우리의 고대 풍습은 지금 남아 있는 유물을 통해 유사성을 추정할 수 있지. 그런데 현재 남아 있는 수메르의 유물 중에 씨름하는 사람 모양의 향로가 있어. 씨름은 우리나라의 전통 풍습이잖아. 우연히도 수메르인의 씨름 모양 향로와 고구려의 각저총 씨름 그림이 완전 똑같아.

각저총에서 발견된 고구려 벽화

중국 신을 낳은 신시배달국

하늘이 열리는 개천절이 시작되다

환인의 명을 받고 환웅께서 풍백, 우사, 운사와 함께 무리 3,000을 이끌고 태백산의 신단수 아래 내려오시니 이를 신시라 한다. 풍백, 우사, 운사를 데리고 농사를 주관하고, 삶을 주관하며, 형벌을 주관하고, 병을 주관하시고 선악을 주관하면서 무릇 인간의 360여 사를 두루 주관하시어, 세상에 계시며 이치대로 교화하여 인간세상을 널리 이롭게 하셨다.

이것은 『환단고기』에 나오는 글이야. 환인이 이끄는 환국은 7대 환인 지위리에서 끝나고, 그다음으로 환웅이 이끄는 신시배달국의 시대가 펼쳐지는 거야. 1대 환웅 거발한은 풍백(바람), 우사(비), 운사(구름)와 함께 신시를 개창하게 되지.

앞에서 중국에서 황하문명보다 천년이나 앞선 홍산문명이 발견됐다고 말한 것 기억하지? 이 홍산문명이 바로 신시배달국이야. 시기적으로 따져 보면, 홍산문명이 세워진 때와 신시배달국이 건설된 때가 일치한다고 해.

환인은 신시배달국을 개창하는 환웅에게 천부인을 주었다고 해. 『삼국유사』에 따르면 천부인은 청동검, 청동 거울, 청동 방울인데 이 천부인이 지금까지 내려오고 있다고 하지. 무당이 굿을 할 때 손에 들고 있는 거 알지? 그래, 무당이 쓰는 도구들이 오래 전에 환인이 환웅에게 내려 준 거야.

개천절인 10월 3일은 환웅이 신시배달국을 개창하기 위한 날이야. 그래서 우리 민족은 대대로 이날을 기념해 왔지. 고대에 부여의 영고, 예맥의

강화도 마니산에서 열린 개천절 행사

무천, 마한과 변한의 계음, 고구려의 동맹, 백제의 교천, 신라와 고려의 팔관회 등이 개천절을 기리는 제천 행사라고 해.

『재상』의 작가 박윤규는 이렇게 말해.

"단군은 배달국의 유업을 이은 중시조이지 개천의 시조는 아니다. 따라서 개천절의 주역은 환웅이 마땅하며, 우리 역사는 기원전 2333년에서 1,565년을 더 거슬러 올라가서 원년을 삼아야 한다는 민족 종교 단체의 주장은 설득력이 있다."

그러면 환웅이 백성을 다스리기 위해 가졌던 이념에 관해 살펴볼까? 환웅이 가졌던 이념은 '홍익인간'과 '이화세계'야. 뜻은 이렇지.

"널리 인간을 이롭게 하고, 이치대로 세상을 다스린다."

오래전 환웅이 이러한 생각대로 나라를 이끌었다면 백성들이 편안하고 행복하게 살았을 거야. 실제로 신시배달국에서 지켜졌던 「무여 율법 4조」를 보면, 엄격하게 규율을 지키도록 하고 있어.

제1조 : 사람의 행적은 수시로 깨끗하게 하여 모르는 사이에 생귀신이 되지 않도록 하고, 번거롭게 막혀 마귀가 되지 않도록 하여 인간 세상으로 하여금 툭 트여 장애가 없게 하도록 하라.

제2조 : 사람이 살아서 쌓은 덕은 죽은 뒤에 그 공을 제시하여 생귀의 더러움을 말하지 않게 하고, 함부로 허비하여 마귀가 되지 않게 하고 사람들이 두루 화합하여 유감이 없게 하라.

제3조 : 고집이 세고 사혹한 자는 광야로 귀양 보내 때때로 그 사혹함을 씻게 하여 사기로 하여금 세상에 남지 않게 하라.

제4조 : 죄를 크게 범한 자는 섬에 유배시켜 죽은 뒤에 그 시체를 태워서 죄업으로 하여금 지상에 남지 않게 하라.

이렇게 엄격한 율법을 기초로 해서 신시배달국은 평화로운 나라가 될 수 있었겠지.

중국의 신 태호 복희가 환웅의 아들이라고?

'삼황오제'라고 들어 봤니? 그리스 신화에 세상과 인간을 창조한 신들이 있듯이 중국 신화에도 신들이 있어. '삼황오제'가 바로 그것이지. 삼황은 복희, 신농, 여와를 말하고, 오제는 황제 헌원, 전욱 고양, 제곡 고신, 제요방 훈, 제순 중화를 말하지.

이 가운데 삼황에 대해 잠깐 살펴보자. 복희는 사람들에게 물고기 잡는 법을 전수해 주었고, 신농은 농사법을 전해주었으며, 여와는 흙으로 인간을 창조했다고 해.

중국의 여러 신들 가운데 가장 앞에 있는 유명한 신이 복희야. 그런데 사실 복희는 중국의 신이 아니야. 신시배달국의 제5대 환웅인 '태우의'의 아들이야. 허구의 신이 아니라 우리나라 고대 선조인 셈이지.

이에 관해 기록한 『환단고기』를 살펴보자.

> 환웅천왕으로부터 다섯 번을 전하여 태우의 환웅이 계셨으니, 아들 열둘을 두었다. 맏이를 다의발 환웅이라 하고, 막내를 태호라고 하고 또

복희라 했다. 어느 날 삼신이 몸에 내리는 꿈을 꾸어 만 가지 이치를 통철하고, 곧 삼신산으로 가서 하늘에 제사하고 궤도를 천하에서 얻으셨다. 그 획은 세 번 끊기고 세 번 이어져 자리를 바꾸면서 이치를 나타내는 묘가 있고, 삼극을 포함해 변화가 무궁했다.

태호 복희는 중국의 신이 아니라 우리 민족임에 틀림없어. 복희는 앞의 글에 "세 번 끊기고 세 번 이어져 자리를 바꾸는" 획을 발명했는데, 이건 바로 '팔괘'라고 하는 거야.
중국에 세워진 태호 복희의 사당에 가보면

태호 복희사당

그 모습을 볼 수 있어. 손에 들고 있는 거 보이지? 이게 '팔괘'라고 하는 거야. 이 팔괘를 이용해 '주역'이라는 점을 칠 수 있어.

복희의 업적으로 중요한 것이 또 있어. 그건 바로 불 피우는 법을 처음으로 익혔다는 거야. 여기에 관해서는 재미있는 이야기가 전해지고 있어. 하루는 복희가 깊은 산에 들어갔다가 마른 나뭇가지가 이리저리 얽혀 있는 것을 보았어. 그때 갑자기 거센 바람이 불어왔지. 그러자 나무줄기가 서로 부딪치면서 마찰했어. 서서히 연기가 모락모락 피어나기 시작하더니, 이내 불꽃이 피어났어.

그 모습을 본 복희는 깨달았지.

"아, 저렇게 나뭇가지를 마찰시키면 불을 일으킬 수 있구나."

그런데 나뭇가지를 이용해 불을 만드는 건 너무 힘들었어. 그러던 어느 날 누군가 울부짖는 호랑이를 향해 돌을 던졌어. 그런데 빗나간 돌이 바위에 부딪히면서 반짝 불을 일으켰지. 그것을 본 복희는 부싯돌을 부딪쳐 불 만드는 법을 터득해 백성들에게 널리 가르쳤지. 이때부터 백성들은 날고기를 익혀 먹게 되었고, 또 쇠를 녹여서 갖가지 도구를 만들어 사용하게 되었어.

복희가 나오면 빠질 수 없는 사람이 있지. 그건 바로 3황 가운데 하나인 여와야. 여와는 흙으로 사람을 만들고 코에 입김을 불어넣었다고 해. 신기하게도 성경에서 하느님이 사람을 만들 때하고 똑같지. 전해오는 이야기로는 복희와 여와는 남매라고 해.

복희와 여와가 서로 뱀처럼 엉켜 있는 그림이 남아 있어. 그림에서 오른쪽이 복희이고 왼쪽이 여와야. 복희는 직각자를, 여와는 컴퍼스를 들고 있는 게 보이지?

신기하게도 직각자와 컴퍼스는 서양에서도 중요한 의미로 전해지고 있어. 다음의 그림이 고대 이집트에서부터 이어지

복희 여와도

중국 신을 낳은 신시배달국 99

는 비밀 결사단체 '프리메이슨'의 중요한 상징이야.

어때? 복희 여와도처럼 직각자와 컴퍼스가 똑같지? 이 점에 관해서는 앞으로 친구들이 신화와 역사책을 많이 읽고 그 이유를 찾아보기 바라. 과연, 어떻게 해서 복희 여와도의 직각자와 컴퍼스가 서양에서도 전해지는 걸까?

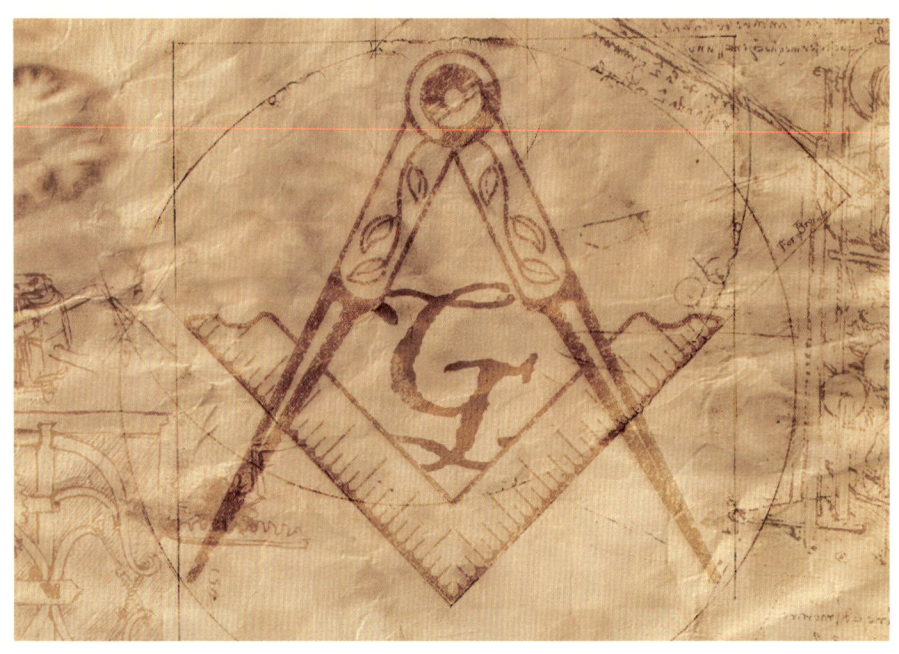

프리메이슨의 상징인 컴퍼스와 직각자

8대 안부련 환웅 때의 신농

웅씨가 갈라져 나간 자에 소전이라고 있었는데, 안부련 말기에 소전은 명령을 받고 강수에서 병사들을 감독하게 되었다. 그의 아들 신농은 온갖 약풀을 혀로 맛보아서 약을 만들었다. 뒤에 열산으로 옮겼는데, 한낮에는 교역하게 하여 사람들로 하여금 편리하게 하였다.

이것은 『환단고기』에 나오는 글이야. 여기에서 주목할 것은 '신농'이라는 사람이야. 신농은 앞에서 말했듯이 삼황오제 중 한 명이지. 그런데 신농 역시 우리나라 사람이라는 걸 알 수 있어.

신시배달국이 여러 명의 환웅을 거쳐서 제8대 안부련 환웅을 맞이하게 되었지. 이때, 안부련 환웅의 명을 받고 강수에서 병사를 감독하는 소전이라는 자의 아들이 바로 '신농'이야. 우선 신농이 어떻게 생겼는지 살펴볼까?

신농은 소의 뿔을 가진 사람의 형상을 하고 있어. 그가 태어날 때 어머니가 용의 기운을 느꼈다고 해. 그는 출생 시부터 비범한 운명을 타고났지. 그는 태어난 지 며칠 만에 말을 하고 걸어 다니고 이가 났어. 그가 성인이 되자 키가 자그마치 3미터나 됐지.

그의 성은 강씨야. 그는 아버지가 머물렀던 곳에서 태어났는데, 이곳이 강수라서 '강' 자를 성으로 썼지. 이름 석 자는 '강신농' 이렇게 되겠지? 참, 그의 이름 신농에서 '농'은 농사의 농(農)이야. 이름에 농사를 뜻하는 글자가 들어갔으니 아무래도 농사와 관련 있을 거 같지? 맞아, 그는 최초로 나무를 깎아서 호미를 만들었고, 또 호미를 이용하는 농사를 가르쳐 주었어. 그래서 일명 '농업의 신'이라고 불리기도 하지.

염제신농

신농에 의해 사람들은 수렵의 시대를 끝내고 정착해서 농사를 짓고 살아가게 되었어. 이때부터 사람들은 굶주릴 걱정을 하지 않았어.

신농의 업적은 이것 말고도 또 있어. 『환단고기』에 신농은 "온갖 약풀을 혀로 맛보아서 약을 만들었다." "한낮에는 교역하게 하여 사람들로 하여금 편리하게 하였다"고 나와 있어. 그러니까 신농은 약을 만들어 병을 고치는 의술을 펼쳤고, 또 사람들이 시장에서 물건을 거래할 수 있도록 상업을 시작했어.

신농이 처음부터 의술에 관해 모든 것을 알고 있었던 건 아니야. 그는 직접 산과 들을 다니면서 온갖 풀을 채취하기도 하고, 또 방방곡곡에 사람을 보내 희귀한 약초를 가져오게 했지. 이렇게 해서 얻은 약초를 직접 먹어 보면서 그 효능을 알아냈어.

이 과정에서 그는 독초를 먹고 몸에 독이 퍼지기도 했어. 이때, 그는 녹차를 먹고 해독을 하게 되었지. 그래서 신농이 최초로 녹차를 마셨다는 이야기가 전해지고 있어.

마침내 그는 365가지 약을 만드는 법을 적은 『신농본초』라는 책을 남겼지. 이 책에 따라 약을 만들면 400가지 넘는 병을 치료할 수 있었어. 그런데 이 책의 원본은 사라졌고, 그 내용은 도홍경이 쓴 『신농본초경』이라는 책으로 전해지고 있어. 이로부터 중국의 한의학이 생겨나게 되었어.

현재, 우리나라의 한의학계에서도 신농을 의술의 신이라고 높이 존중하고 있다는 점 잘 기억해 둬.

전쟁의 신, 치우천황

사진 속 기와의 문양이 어딘가 익숙하지? 한국 축구 응원단인 붉은 악마 티셔츠에 그려진 그림과 같지 않니? 붉은 악마 티셔츠의 그림은 누군가 상상해서 그린 게 아니야. 오래전 신시배달국의 14대 환웅 자오지를 그린 거야. 자오지 환웅은 흔히 '치우천황'이라고 불려.

기와의 치우천황 모습이 도깨비처럼 보이지? 우리나라에서는 치우천황이 도깨비로 전해져 왔어.

경주 안압사에서 발굴된 귀면와

그런데 하필 치우천황을 한국 축구 응원단의 상징으로 삼았을까? 그 이유는 우리 민족의 치우천황이 중국 황제 헌원과 10년 동안 벌인 73회의 전쟁을 모두 승리로 이끌었기 때문

중국 신을 낳은 신시배달국

이야. 어때, 대단하지? 치우천황은 임진왜란 때 13척의 배로 왜적을 물리친 성웅 이순신처럼 용맹한 장군이야. 그래서 치우천황은 중국에서 '전쟁의 신'으로 칭송받고 있어. 그러니까 한국 축구 응원단은 우리 대표팀이 치우천황처럼 '축구 경기의 신'이 되길 바라면서 응원단의 상징으로 만든 거야.

사실, 치우천황이 전쟁을 하게 된 것은 중국의 황제가 신농을 공격했기 때문이야. 신농이 패배하자 치우가 등장했어. 치우는 중국의 산동성 근처에 살았는데 형제가 72(혹은 81)명이나 되었지. 치우와

중국 오제사에 소장된 탁록 대전 복원도

그 형제들은 쇠로 된 이마를 하고 모래와 돌밥을 먹으면서 살았다고 해.

그런데 앞에서 본 신농과 치우의 생김새가 비슷하지? 머리에 뿔 달린 모습이 닮은 걸 보면 치우는 신농의 후손일 가능성이 매우 높아. 그리고 이마가 쇠로 되었다는 것은 실제로 그렇다는 게 아니라 철로 만든 투구를 썼다고 보는 게 맞을 거야.

그러면 치우와 황제의 '탁록 대전'에 관해 알아볼까? 치우는 황제가 지배하는 영토인 탁록으로 군사를 이끌고 가 전투를 벌였어. 그는 자신의 형제와 함께 풍백(바람)의 신, 우사(비)의 신을 이끌고 황제와 싸웠지. 황제는 호랑이, 표범, 곰, 독수리 등 동물 군단과 날개 달린 용, 자신의 딸인 가뭄의 여신 발 등을 이끌고 대항했지. 이 전투는 오랫동안 이어졌어.

치우천황의 군대는 철제 갑옷으로 무장했지만 중국의 황제는 그렇지 못했어. 치우는 염초와 유황을 태워 연기를 황제 쪽으로 보내 눈을 뜰 수도 없고 호흡을 곤란하게 하는 전술을 펴기도 했어. 또한, 돌을 쏘아 올리는 투석기를 만들어 멀리서 진격해 오는 황제의 군대를 모조리 물리쳤지.

이렇게 해서 치우천황은 73회에 걸친 10년간의 전쟁을 모두 승리했어.

그런데 치우는 74번째 싸움에서 안타깝게 패배하고 말았어. 연패하던 황제는 남쪽을 가리키는 지남거라는 수레를 만들어 치우가 보내는 연기에 대비했어. 또한, 첩자를 배달국에 보내 무기와 철제 투구, 갑옷 만드는 기술을 빼와 자신들의 군대를 철제 무기로 무장시켰어.

지남거를 이용해 연기의 공격을 피해 진격해 오는 황제의 군대에 치우는 결국 패하고 말았어.

치우의 죽음 이후에 관해 중국의 『천문지』는 이렇게 전하고 있어.

> 치우별은 꼬리별(헬리혜성)이다. 혜성의 휘어진 꼬리 부분이 가리키는 곳에서 병란이 있다 했으니 이는 치우천황이 승천하여 별이 되었기 때문이다.

이처럼 중국인은 '전쟁의 신' 치우가 죽은 후에 별이 되어 그 존재가 계속해서 이어진다고 보았어. 치우는 죽어서도 '전쟁의 신'이 된 셈이야. 이제, 전쟁의 신 치우천황은 우리나라를 지켜주는 별이 되었어.

대륙의 지배자, 고조선

단군왕검이 조선을 열다

옛 책에서 말한다. 왕검의 아버지는 단웅이고, 어머니는 웅씨 나라의 왕녀이다. 왕검은 신묘년(기원전 2370년) 5월 2일 인시에 박달나무 마을에서 태어났다. 왕검은 어려서부터 덕이 있어 주위의 사람들이 그를 믿고 따랐다. 14년 갑진년에 웅씨 왕이 그가 신령스럽고 성스럽다는 소문을 듣고, 왕검을 왕자로 삼았으며, 섭정하여 대읍국을 다스리도록 했다.

무진년(기원전 2333년)에 단국에서 아사달의 닥나무가 많은 언덕에 이르자 온 나라 사람들이 그를 천제의 아들로 모시게 되었다.

이것은 『환단고기』에 나오는 글이야. 이렇게 해서 왕검은 신시배달국의 옛 법에 따라 아사달에 도읍을 정한 후 그 나라 이름을 '조선'이라 명했지. 왕검은 신시배달국의 마지막 환웅 거불단이야. 신시배달국은 사라지고 그 대신에 단군의 나라가 세워진 거야. 단군은 최고 통치자이자 제사장의 명칭으로 47명이 나오게 되지.

앞에서도 말했지만 왕검의 조선과 조선시대가 혼동되기 때문에, 편의상 더 오래된 왕검의 조선을 옛 고(古) 자를 앞에 붙여서 '고조선(古朝鮮)'이라고 칭하게 되었어.

고조선은 중국 대륙을 넓게 장악하고 있었어. 그런데 단군이 도읍으로 정한 '아사달'은 과연 어디를 말하는 걸까? 많은 학자들이 아사달의 정확한 위치를 찾느라고 애쓰고 있어. 『신증동국여지승람』에서는 아사달이 지금의 평양이라고 해. 하지만 신채호는 아사달이 지금의 하얼빈이라고 주장했어.

사직단의 단군 성전에 모신 단군상

신채호는 또한 조선이라는 말이 원래 '숙신'이었다고 주장해. 그런가 하면 『만주원류고』라는 옛 책에서는 숙신의 고대 이름을 '주신'이라고 하지.

단군왕검은 참성단

에서 제천 행사를 하기 시작했지. 이 참성단이 지금의 강화도 마니산 참성단이야.

학교에서 단군은 하늘에서 내려온 신으로 배웠기 때문에 지금 하는 이야기가 잘 믿어지지 않을지도 몰라. 그래서 단군은 신화 속 이야기가 아니라 역사 속 실존 인물이라는 것을 다시 한번 말해 주고 싶어.

『단군은 실존 인물이었다』라는 책을 지은 송호수 박사는 이렇게 말해.

"단군신화라는 단어는 총독부가

마니산 참성단

1938년에 만들어서 7년간 사용했습니다. 일본이 패망했기 때문이죠. 그런데 이후에도 총독부의 식민사관에 사로잡힌 학자들이 일제가 허구로 만든 단군신화를 그대로 믿고 따라왔어요."

그러면 『환단고기』에 나오는 단군왕검의 가르침을 함께 읽어보도록 하자.

왕검이 가르침을 내려 말씀하셨다. 하늘의 법은 오직 하나요, 그 문은 둘이 아니다. 너희는 순수하게 참마음을 다해, 너희 마음을 하나로 만들어야 비로소 하늘의 뜻을 알게 되느니라.

하늘의 뜻은 항상 하나인 것처럼 민심도 같은 것이니라. 그러므로 내 마음을 먼저 잡고 민심을 얻어야 하며, 민심을 잘 융합하면 하늘의 법과 합치하는 것이니 마침내 만방을 다스릴 수 있느니라.

너희가 이 세상에 태어날 수 있었던 것은 너희 부모님이 계시기 때문이며, 부모는 하늘에서 내려오신 것이니 너희 부모님을 공경해야 하느니라. 이렇게 하늘을 지극히 공경하면 그 마음은 온 나라에 퍼져 나가게 될 것이니라. 이것이 바로 충효니라. 너희가 이 도를 몸소 극복하여 깨닫는다면 하늘이 무너져도 반드시 화를 면할 수 있느니라.

짐승도 다 짝이 있고, 헌신짝도 다 짝이 있는 법이니, 너희 남녀는 서로 잘 화합하여 원망하지도 말고, 질투하지도 말고, 음탕한 짓도 하지 말라.

너희 열 손가락을 깨물어 보아라. 어느 손가락 하나 통증에 차이가 없으니 너희는 서로 사랑하고 서로 헐뜯지 말 것이며, 서로 돕고 싸우지 말아야 하느니라. 그래야 집안과 국가가 흥하게 되느니라. 너희 소와 말을 보거라. 소와 말은 오히려 먹이를 나누어 먹나니 너희는 서로 양보하고 서로 약탈하지 말라. 함께 일하고 서로 도둑질 안 하면 국가와 집안은 번영하느니라. 너희들, 호랑이 무리를 보아라. 힘만 세고 난폭하여 신령스럽지 못하더니 비천하게 되어 버렸도다. 너희가 사람다운 성품을 잃고 난폭하게 날뛰지 않는다면 사람을 다치게 하는 일 따위는 없을 것이니라. 항상 하늘의 뜻을 받들어 모든 것을 사랑할지니라. 너희는 위태로운 것을 만나면 도울지언정 모욕을 주지 말지니라. 너희가 만일 이런 뜻을 어긴다면 영원히 하늘의 보살핌을 받을 수 없어 네 한 몸은 물론 집안까지도 다 사라지리라.

너희가 만일 논에 불을 일으켜 벼들이 다 타버리게 된다면 하늘이 이를 벌할 것이니라. 너희가 아무리 두텁게 싸서 감춘다 해도 그 냄새는

반드시 새어 나오게 되어 있는 것이니라. 너희는 항상 바른 성품을 공경스럽게 지녀서 사악한 마음을 품지 말 것이며, 나쁜 것을 감추지 말 것이며, 재앙을 감추지 말 것이다. 마음을 다스려 하늘을 공경하고 모든 백성을 가까이하라. 너희는 이로써 끝없는 행복을 누릴 것이니, 너희 오가의 무리여, 이 뜻을 잘 따르라.

이러한 가르침에 따라 고조선은 모든 사람이 서로 사랑하고 존중했으며, 나라의 지도자는 백성을 위하는 마음으로 산 것으로 볼 수 있어. 여기서 더 나아가 22대 색불루 단군은 엄격한 법률을 만들어 나라의 기강을 바로 세우고, 나라를 평안하고 부강하게 이끌었지. 그 「8조 금법」은 다음과 같아.

제1조 : 남을 죽이면 같이 죽여서 다스린다.
제2조 : 남을 다치게 하면 곡식으로 배상하게 한다.
제3조 : 남의 것을 도둑질하면 재물을 빼앗고 신분을 막론하여 남자는 그 집의 노비가 되게 하고 여자는 계집종이 되게 한다.
제4조 : 소도를 훼손시킨 자는 가두어 둔다.

제5조 : 예의를 잃은 자는 군에 복무하게 한다.

제6조 : 근면하게 일하지 않는 자는 부역을 시킨다.

제7조 : 음란한 행동을 한 자는 태형으로 다스린다.

제8조 : 사기 치는 자는 훈계 방면하는데 스스로 속죄하면 여러 사람에게 공표하여 알리는 것을 면하여 준다.

고조선에 관한 역사 왜곡 세 가지

너희들, 앞에서 배운 '식민사관'이라는 말 잘 기억하지? 식민사관은 일제가 우리나라의 역사와 고대 국가의 영토를 축소하고자 왜곡해 만든 역사를 말하지. 그런데 이런 식민사관처럼 우리 역사의 근본을 훼손하는 일은 오래전에도 있었어.

예전부터 우리나라는 중국의 영향을 받아 왔어. 중국의 선진 문명을 받아들이다 보니, 우리나라의 지식인 가운데 몇몇은 주체성을 잃어버렸어. 우리나라가 근본이 되고, 그다음으로 따라와야 하는 게 외국인데, 중국을 우선시하는 사대주의자들이 우리나라를 소국으로 낮추고 말았지.

이에 따라 역사를 왜곡하는 일도 벌어졌어. 대표적으로 조선 후기의 안정복을 들 수 있지. 그는 『동사강목』에서 '기자조선'을 우리 역사의 시작으로 보았고, 우리의 생생한 역사인 단군조선을 비판했지.

은 태사 기자가 동방으로 오니, 주의 천자가 그대로 그곳에 봉하였다. 기자는 성이 자이고 이름이 서여이며, 은 주의 친척이다. 기에 봉하여지고 자작을 받았으므로 '기자'라고 부른다.

이 기록의 내용은 간단해. 중국의 은나라가 무왕에 의해 멸망하고 나서 주나라가 세워졌지. 이때, 은나라의 태사 기자가 고조선으로 도망쳐 왔어. 그러자 주나라의 무왕이 그를 고조선의 왕으로 임명했다는 이야기야.

안정복이 쓴 『동사강목』

내가 생각하기에 동방의 『고기』 등에 적힌 단군에 관한 이야기는 다 허황하여 이치에 맞지 않는다. 단군이 맨 먼저 났으니, 그 사람에게는 신성한 덕이 있으므로 사람들이 좇아서 군으로 삼았을 것이다. 예전에 신성한 이가 날 적에는 워낙 뭇 사람과는 다른 데가 있었으나, 어찌 이처럼 매우 이치에 맞지 않는 일이 있었으랴!

 안정복은 단군을 허황되다고 말하며 부정하고 있어. 심지어 환인(桓因)이 불교에서 부처님을 말하는 '제석환인(帝釋桓因)'의 약자라고 폄하하고 있어. 환국시대의 최고 통치자 환인이 엄연히 존재했는데도 말이지.

 중국인 위만에 의해 고조선이 정복당했다는 이야기도 있어. 위만이 세운 조선이라고 해서 '위만조선'이라고 하지. 사대주의자 일연이 쓴 『삼국유사』에 이런 내용이 있어.

> 연나라의 왕 노관이 한나라를 배반하고 흉노로 들어가자, 연나라 사람 위만이 망명하면서 무리 천여 명을 모아 동쪽으로 달아나 요새를 빠져 나온 후, 패수를 건너 진나라의 옛 빈터인 상하장에 머물렀다. 위만은 점차 진번과 조선의 오랑캐와 옛날의 연나라와 제나라에서 망명한 자들을 예속시켜 왕이 되어 왕검에 도읍하였다. 위만이 군사력으로 주변의 조그만 읍들을 공략하여 항복시키자, 진번과 임둔도 모두 와서 복속되었다. 이리하여 영토가 사방 수천 리나 되었다.

이에 따르면 위만이라는 자가 고조선의 영토를 모두 점령했다는 거야. 앞에서도 말했지만 사대주의자는 자신의 나라보다 강대국을 우선시하기 때문에, 강대국인 중국의 입맛에 맞게 역사를 조작하게 되는 거야.

사대주의자들은 한나라가 고조선을 멸망시키고자 한사군의 하나인 낙랑군을 한반도에 설치했다고 주장하고 있어. 이렇게 되면 우리나라가 고대 중국에 지배당했다는 이야기가 되지.

결국, 기자조선〉위만조선〉한사군으로 우리 고조선이 중국인에게 지배당했다는 거야. 하지만 최근 많은 학자들은 기자조선, 위만조선, 한사군은 고조선의 일부 영토만을 차지했다고 밝혀냈어.

역사학자이자 고조선 연구의 대가인 윤내현 교수는 이렇게 말해.

"기자조선 · 위만조선 · 한사군은 고조선의 요서 지역 변방에서 일어난 정권일 뿐이다."

역사학자 이덕일은 한사군의 낙랑군이 만주 서쪽(요동)에 있었다고 보았어.

"일제는 한국사를 축소하기 위해서 단군조선을 부인하고, 고조선을 한반도 북부로 가둬 놓았어요. 이 과정에서 한사군이 요동에 있었음을 입증하는 『삼국사기』 초기 기록을 허위로 몰아서 한국사를 1,500여 년의 짧은 역사로 축소했지요. 일제는 한반도 북부가 한사군이라는 중국의 식민지였고 한반도 남부는 임나일본부라는 일본의 식민지였다고 강변함으로써 독립의 의지를 말살하려 했습니다."

이처럼 고조선은 그 영토를 당당히 지키면서 총 47명의 단군이 국가를 이끌었다고 봐야 해. 고조선이 멸하고 중국에 의해 기자조선이 세워졌다거나, 이후 또다시 위만조선이 세워졌다거나, 한나라의 한사군인 낙랑군이 한반도 내에 설치되었다는 것, 이 세 가지는 모두 엄연한 역사 왜곡이야.

원절식 명도전이 고조선의 화폐라고?

"기자의 동천은 요서에 있었고, 고조선의 활동 중심지는 요동이었다."

이것은 중국의 길림대 역사학과 장박천 교수의 주장이야. 잠깐 설명을 해보면 이렇게 돼. 기자조선의 기자는 앞에서 말한 것처럼 고조선 전체가 아니라 그 일부(요서)만을 지배했다는 말이지. 또한 고조선은 한반도 내에 있는 게 아니라 드넓은 중국 영토(요동)에 자리 잡았다는 말이지. 이 주장을 한국 학자가 아닌, 중국 학자가 내놓은 거야.

학자들은 양심에 따라 자신의 연구 결과를 거짓 없이 세상에 내놓아야 해. 장박천 교수는 자신이 연구한 것을 솔직하게 발표했지. 그 결과, 사대주의자와 식민사관에 의해 고조선의 역사가 왜곡됐다는 게 밝혀졌어.

고조선은 결코 기자에 의해 빼앗긴 것이 아니며, 고조선은 당당히 중국 땅을 중심으로 활약했어.

장박천 교수는 또 다른 주장도 해.

"역사적 사실과 출토된 '도전'(옛날 화폐)에 중점을 두고, 두 가지 방식의 명도전에 관해 연구했다. 그 결과 '원절식 명도전'은 고조선의 화폐이고, '방절식 명도전'은 연나라의 화폐라는 사실을 밝혀냈다."

고대 유물 가운데 칼처럼 생긴 화폐가 있는데 이를 '명도전'이라고 해. 화폐에 밝을 명(明)자와 비슷한 글자가 있어서 '명'을 붙여 '명도전'이라 이름 지은 거야. 이제까지 역사학계에서는 명도전을 중국 연나라의 화폐로 알고 있었어. 하지만 장박천 교수는 그것을 부정해. 자신이 중국인이면서도 말이야.

원래 고대에 쓰던 칼처럼 생긴 화폐는 이런 모양이었어. 끝이 뾰족하다고 해서 '첨수도'라고 해.

첨수도

이다음으로 생긴 것이 '원절식 명도전'과 '방절식 명도전'(손잡이 끝의 구멍이 사각형)이야. 원절식 명도전은 끝이 뾰족하지 않고 손잡이에 동그란 구멍이 있는 게 특징이야. 바로 이게 고조선시대에 사용하던 화폐인 셈이지.

그러면 원절식 명도전이 고조선의 화폐라는 증거를 알아볼까? 예를 들어, 고대 유물로 진주 목걸이가 발견됐다고 하자. 이 진주 목걸이가 A나라의 유물이라고 한다면 그 증거로

원절식 명도전

무엇을 들어야 할까? 진주 목걸이가 A나라의 영토 곳곳에서 발견되면 되는 거야. 그러면 진주 목걸이는 A나라의 유물이라고 단정지을 수 있지.

이처럼 원절식 명도전이 고조선의 영토에서 많이 출토된다면 고조선의 유물로 볼 수 있는 거야. 이 문제에 관심을 갖던 서울시립대 국사학과 박선미 박사는 원절식 명도전이 출토되는 곳을 망라해 지도를 작성했어. 그게 바로 「명도전 출토 분포도」야. 그 결과 다음과 같은 지도가 완성되었어.

고조선이 위치한 곳과 겹치는 것을 확인할 수 있어. 이 지도로

원절식 명도전이 고조선의 유물이라는 것을 입증할 수 있지.

원절식 명도전이 고조선의 유물이라는 증거는 또 있어. 한글이 고대 문자를 모방해서 만들었다고 했던 것 기억하지? 한글은 기원전 2181년 3세 단군 가륵이 삼랑 을보륵을 시켜서 만든 가림토(가림다) 문자를 모방하여 만든 거야. 그런데, 가림토 문자의 흔적이 명도전에

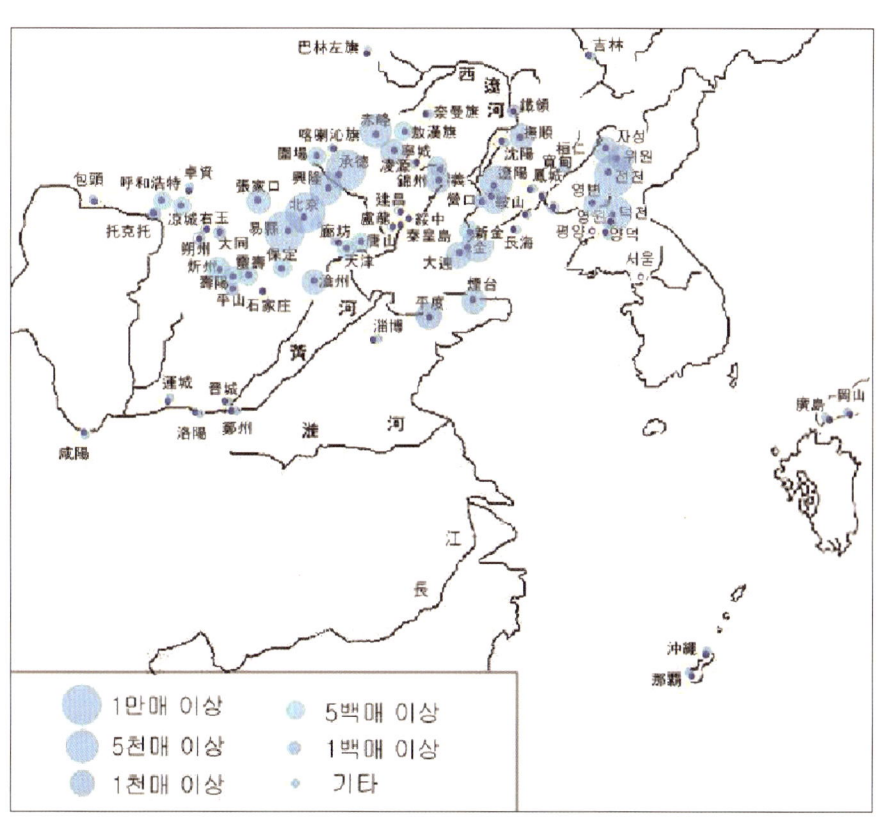

명도전 출토 분포도

남아 있다고 해. 『고조선 문자』의 저자 허대동은 이렇게 주장하고 있어.

"세종과 집현전 학자는 백성들이 쉽게 이해하도록 고조선 문자(가림토 문자)에서 상형은 생략하고 소리문자를 체계화했습니다."

그는 명도전 뒤에 새겨진 문자가 초성, 중성, 종성이 담긴 낱말 문자이며 고조선의 가림토 문자라고 보고 있어.

"문자의 초성도 현 한글의 초성 모양새와 동일하기 때문에 고조선 문자임이 틀림없어요. 특히, 명도전 중 X 모양의 문자는 [ㅋ] 음가, I 모양의 문자는 [ㄴ] 음가 중 하나, H 모양의 문자는 [ㅎ] 음가 중 하나입니다."

가림토 문자가 새겨진 명도전

그럼 한글의 기원이 된 가림토 문자가 새겨진 명도전을 살펴볼까? 명도전 사진을 보면, 사물 모양을 본뜬 상형문자하고 비슷하지? 이렇게 명도전에는 고조선의 가림토 문자로 볼 수 있는 흔적이 많다고 해.

역사학자 이덕일은 이렇게 단정 짓고 있어.

"연나라의 도성인 계현은 오늘날의 북경 부근이다. 그러나 명도전은 이 부근에서는 소량 출토되고, 오히려 난하 동쪽에서 압록강에 이르는 넓은 지역에서 대량 출토되고 있다. 명도전이 연나라 화폐라는 것은 논리적으로 수긍하기 어려운 대목이다."

얼마 전까지만 해도 원절식 명도전은 중국 연나라의 화폐로 봤어. 하지만 이제는 당당히 우리 고조선의 화폐임이 증명되었지. 앞으로도 우리 고조선의 것으로 인정받는 유적과 유물이 많이 나오게 될 거야.

비파형 동검과 다뉴세문경

고조선의 대표적인 유물로는 무엇이 있을까? '비파형 동검'이라고 들어 봤니? 이것은 고조선시대에 사용되던 칼이야. 이 비파형 동검은 현재 우리나라 전역은 물론 중국의 동북지방인 요령성 일대에서 많이 출토되고 있어.

검 모양이 특이하지? 마치 전통 악기 비파와 닮았다고 해서 비파형 동검이라고 부르게 된 거야.

비파형 동검

비파형 동검은 1930년대에 처음 발견된 후, 한반도에서 80여 점, 요령 지방에서 80여 점이 발굴되었어. 이렇게 발견된 곳을 지도로 만들어 보면 고조선의 유물인 고인돌의 분포와 같은 걸 알 수 있어.

비파형 청동검은 칼날과 칼자루 전체를 합해도 40센티미터 정도밖에 되지 않아. 굉장히 짧지? 그런데 이렇게 짧은 검으로도 용감하게 싸울 수 있었어.

고대 로마 병사가 나오는 영화를 본 적 있니? 로마 병사들은 하나같이 짧은 검을 들고 나오지. 짧은 검을 가진 로마 병사들은 장검을 가진 적을 모두 물리치고, 유럽을 지배할 정도로 막강한 전투력을 발휘했어. 장검

비파형 동검 분포도.

고인돌
비파형 동검

은 무거워서 다루기가 쉽지 않은 대신 짧은 검은 튼튼한데다가 쉽게, 그리고 민첩하게 사용할 수 있지. 특히, 적군과 엉켜서 가까운 거리에서 싸울 때는 짧은 칼이 매우 유리했어. 고조선 역시 짧은 동검으로 중국 대륙을 지배했지.

고조선이 남긴 또 다른 유물로는 '다뉴세문경'이 있어. 이것은 정말 놀라운 기술을 보여주는 청동기 거울이야. 이것은 1960년대에 충남에서 발견되었어. 21센티미터의 거울 뒷면에 1만3천여 개의 줄무늬가 있는데, 이것은 현대 기술로도 흉내 내기 어려울 만큼 매우 정교하다고 해.

숭실대 박물관 관계자는 다뉴세문경에 관해 이렇게 말해.

"고대 제사장이 청동 거울을 가슴에 달고 제를 올릴 때 거울에 반사되는 태양빛을 이용해 통치자의 신비함을 강조했다. 또한, 무늬의 정교함, 선의 세밀함, 주조 기술의 완벽함이 우리나라 청동 주조 기술의 극치를 보여준다."

『한국의 7대 불가사의』의 작가 이종호는 이렇게 높이 평가하지.

"청동 거울 다뉴세문경은 찬사를 금할 수 없는 청동기 유물입니다. 지름 21.2센티미터의 거울 안에 무려 1만 3천여 개가 넘는 정교한 선이 새겨져 있어요. 선과 선 사이의 간격은 불과 0.3밀리미터. 동심원과 선, 삼각형, 사각형의 섬세한 디자인이 기원전 4세기에 만들었다고는 믿을 수가 없습니다. 청동을 녹여 틀에 부어 만든 주물 작품인데, 그 거푸집을 어떻게 만들어냈을까요? 정말 고조선의 청동기 문명이 미스터리합니다."

비파형 동검과 다뉴세문경이 고조선의 자랑스러운 유물인 것을 잘 알겠지? 앞으로는 또 어떤 유물이 나타나 고조선의 찬란한 문명을 밝혀 주게 될지 기대가 돼. 너희가 성인이 되었을 때는 더 놀라운 고조선 유물이 발굴될 거라고 봐.

국보 제141호 다뉴세문경

참고 자료

『고조선은 대륙의 지배자였다』 (이덕일, 역사의아침)

『고조선, 신화에서 역사로』 (이종호, 우리 책)

『단군은 실존 인물이었다』 (송호수, 한터)

『고조선의 강역을 밝힌다』 (윤내현, 지식산업사)

『고조선 문자』 (허대동, 경진문화)

『환단고기』 (안경전 역주, 상생출판)

『환단고기』 (임승국 주해, 정신세계사)

『고조선 사라진 역사』 (성삼제, 동아출판사)

『조선상고사』 (신채호, 일신서적출판)

『우리 고대사 기행』 (지승, 학민사)

『한글은 단군이 만들었다』(정연종, 넥서스)

『역사는 수메르에서 시작되었다』(새뮤얼 노아 크레이머, 가람기획)

『재상』(박운규, 홍익출판)

『예감에 가득찬 숲 그늘』(김지하, 실천문학사)

우리역사연구재단 http://www.koreahistoryfoundation.org/

동이문화원 http://www.siddham.kr/3099

한국비봉컬렉션 http://blog.daum.net/bibongcollection/16853023

환단고기 http://www.hwandangogi.or.kr/hwan/

승훈이 아빠의 역사 이야기 http://blog.daum.net/crete98/1

봉우사상연구소 http://www.bongwoo.org/xe/north/3331

한민족 공동체 다물넷 http://www.damool.net/scp/main.asp

잃어버린 역사를 찾아서 역사 바로 세우기 http://blog.naver.com/kytong3202?Redirect=Log&logNo=20148983762

단군조선 한글 http://blog.daum.net/daesabu/18286997

국립중앙박물관 http://www.museum.go.kr/

우리 역사의 비밀 http://www.coo2.net/bbs/zboard.php?id=con_my&page=1

쉽게 읽는 환단고기 http://cafe.naver.com/namzosern/80